新　潮　文　庫

娘　の　味

残るは食欲

阿川佐和子著

新　潮　社　版

10360

娘の味　残るは食欲*目次

娘の味

残るは食欲

段階の味

「あん食パンはいらんかね?」というメールが近所の友達から届いた。

「あん食パン? なんじゃそりゃ?」

百聞は一見にしかず。まもなく手元に届いた、なかなか重量のある食パンを一センチほどの厚さに切ってみると、なるほど中にあんこが詰まっている。白いパン生地と黒いあんこがおおらかな渦巻き状に混ざり合っていて、マーブルケーキのようだ。

「トーストしてバターをたっぷり塗って召し上がれ。激ウマですぞ」

外食続きで体重計の数値が少々気になり始めていたところではあったが、友達からのそのひと言に自制心を失った。重みのある一切れをオーブントースターに入れる。三分ほど焼き、表面がきつね色になった頃合いを見計らい、皿に載せてバターを塗る。バリバリバリ。焼きたてのトーストにバターを塗る瞬間の、複雑な心境をどう言い表したものだろう。塗っていく横から溶け始めるバターの魅力に引き寄せられつつ、それがお腹周辺《なか》にこびりつくであろう恐怖も同時に頭を去来する。加えてあんこ軍団ときたもんだ。まいったね、どうも。

気兼ねしながら、溶けかけたバターと甘いあんこ、そしてパリパリの白いパン生地目指して大口を開け、ガブリとかぶりつく。と、たしかにそれは、新鮮で贅沢《ぜいたく》で、濃厚なおいしさであった。

いろいろな人がいろんなことを思いつくものだ。このあん食パン、そもそもはあんパンからの発想と推察される。あんパンがあれほど世間の人気を博したのだから、これを食パンに応用できない理屈はないであろう。そう考えた人が、どこのどなたか存じませぬが、たしかにいらしたのだ。しかし、今より百年以上昔（一八七四年とものの本には明記されている）にその大本となる、「小豆の餡《あん》とパンを組み合わせてみよう」と思いついた木村屋の創業者、木村安兵衛《やすべえ》さんとその息子の英三郎さんには、敬服以外のどんな言葉も浮かばない。当初は周囲からさんざん非難されたに違いない。パンにあんこを入れるだって？　やめてよ、気持悪い。和菓子のあんこが洋物のパンと合うわけないじゃないですか。そんな反対意見を押し切って、試行錯誤の末、酒まんじゅうに近い味のパン生地を考案し、上には桜の塩漬けを載せ、まるでまんじゅうか、はたまたお汁粉のような、日本人の口に親しみやすい味を作り上げたのである。

いやはや先駆者の勇気と発想は偉大である。このあんパンの存在なくして、おそらくあん食パンの感動はなかっただろう。

思いも寄らない組み合わせを受け入れるためには、多少の段階が必要である。あんパンの味を知っていたから、あん食パンをおいしいと感じられるように、カレーの薬味にフルーツチャツネを添えることに異論のない人は、私が前々から推奨している「カレーにイチゴジャムを添えて食べる」ことに眉《まゆ》をひそめないはずなのである。ところがこれが、ゆゆしき事態を迎えている。

「イチゴジャム？　おかしいよ、それ」

「アガワって変わってるねえ」

冷笑されたことが何度あったことであろう。何を言うか、君たち。カレーに甘いラッキョウを混ぜて食べるよりずっとお洒落《しゃれ》だぞ。いや、強烈なフルーツチャツネの味より優しい口当たりのイチゴジャムのほうが日本人の舌には絶対合うと思われる。絶対ってことはないかもしれないが、たぶん、合うはずだ。長年、カレーイチゴジャム説において迫害を受け続けている私は、銀座木村屋總本店《そうほんてん》の前を通過するたびに、「さぞやご苦労だったことでしょう」とあんパン創始者に一礼したくなるのである。

カレーで思い出したが、カレーパンを考案したのは誰だろう。一説には、ピロシキから着想を得て、カレーとカツレツとパンを組み合わせて作ったものらしいが、これもまた大いなる日本の誇るべき発見だったと私は思っている。

カレーパンはおいしい。どこのメーカーのカレーパンがいいとか、どんなカレーパンが好きだとか、そういう細々した問題を超越して、カレーパンというものは、だいたいどこのカレーパンでもおいしいと思える。おそらくなかに入っているカレーだけを取り出して、それをご飯にかけて食べたら文句を言うだろうが、揚げパンのなかに入っていると、おいしいと思えるから不思議だ。あの優れたパンが、インドでヒットしないのも（インド料理屋でカレーパンが出てきた例《ためし》はない）、不思議な話である。カレーの好きなインド人なら、きっと好きだと思うのですがね。

カレーパンは好きだが、焼きそばパンはいただけない。学生時代、昼休みに焼きそばパンを食べている友達を見るたびに、どうしてそんなもんを食べたいのかと懐疑に満ちた視線を投げていた。パンと焼きそばは合わないだろう。見るからに興味がないので一度も食べたことがないから「まずい！」と豪語する資格はないが、どうしても手が伸びない。でもときどきお店でスパゲティを注文して、パンが添えられてくるのを見ると、思うのである。そうか、イタリア人もパンとパスタを同時に食べるのか……。となれば、なぜ、スパゲティパンは出現しないのだろう。アイディア日本人なら思いつくはずだ。焼きそばパンを好きな人なら、明太子スパゲティパンとかカルボナーラパンとかボンゴレパンとかを、案外好むのではなかろうか。誰か作ってみませんか。私は食べないだろうけれど。

期待の台湾

旅雑誌の仕事で台湾へ行くことになった。最初から目的地が台湾と決まっていたわけではない。

「どこへ行きたい？　アガワの好きなところにしてやるぞ」

旧知の仲の編集長、通称ブーから、この世知辛い時代にそんなおいしい依頼をされたので、にわかにウキウキ、しばし考え込んだ。うーん、そういうことならば、行きたいところは山ほどある。かねてより東欧の国々を訪ねてみたいと思っていたのだ。チェコ、スロバキア、ブルガリア、ハンガリー……。そういえば北欧も行ったことがない。スウェーデン、フィンランド、ノルウェー。さぞやきれいだろうなあ。想像を膨らませていたら、

「ヨーロッパは無理。だって日程が取れないでしょ」

言われてみればそうである。往復時間も含めると、かなりの駆け足取材でも一週間

は必要だという。今の仕事状況で丸々一週間の休みを取るのは至難の業だし、そんな駆け足の旅では楽しむ余裕がないだろう。

「あ、じゃ、バリ島はどうっすかね」

海に面したリゾートホテル、さわやかな風、美しい夕日とのどかな音楽、そして大好きなゴルフ。バリ島にゴルフ場があるかどうか知らないが、なにしろ一度も行ったことがないから憧《あこが》れが募る。なんとそそられる旅ではないか。雑誌の特集としても良い感じになりそうね、とブーに持ちかけたら、

「バリ島はねえ。こないだ、特集しちゃったからなあ。他のところがいいなあ」

じゃあねえ……と、私が思案するまもなく、

「決めた。台湾にしよう。近くて旨《うま》くて面白いぞお」

「台湾?」

私の頭は急速な進路変更を余儀なくされて戸惑った。私の好きなところに行けるんじゃなかったのか。リゾートさせてくれるんじゃなかったのか。詰め寄ると編集長はにやりと笑い、

「リゾートより、やっぱり食べ歩きだろう、アガワのイメージは」

ブーは鋭いところを突いてくる。かつて私と頻繁に仕事をしていた時代、難題が持

ち上がって私がごね始めると、必ず彼は言ったものだ。

「とにかく飯を食おう。食って考えよう」

そして食べ終わると、

「アガワは扱いやすい人だね。旨いもん食わせるとたちまち機嫌がよくなるからな」

自覚はなかったが、そういう性癖があったらしい。そして今回も、まんまとブーの作戦に乗せられた。

提案されて思い出してみれば、私は台湾の食べ物が大好きなのだった。

初めて台湾を訪れたのは、十五年ほど昔のことである。同じく雑誌の取材だった。それまでの台湾のイメージといえば、凍頂烏龍茶《とうちょうウーロンちゃ》とビーフンとシジミのニンニク炒《いた》めと腸詰めぐらいのものだった。シジミと腸詰めは、大学時代だったろうか、渋谷の台湾料理屋「麗郷《れいきょう》」で知った。庶民的でニンニクたっぷりの味付けが気に入ってときどき通った覚えがある。長らく行ってないけれど、思えばあの店はずいぶん寿命が長い。

もう一つ、台湾の味の思い出があった。小学生の頃、日本に留学していた若い台湾人夫婦にいただいた梅干しである。

「これ、台湾の梅干しよ」

日本人と同じような顔をしているのに、どうやら外国人らしき美しい奥様に差し出された小さな梅干しは、口に入れるとまず甘い。やがて外側の砂糖が溶けて酸《す》っぱく、そして塩辛くなっていく。台湾の梅干しって、なんて複雑でおいしいんだろう。台湾という国について思いを馳《は》せたのは、あれが最初だったと思われる。

そして訪れた最初の台湾は、私の想像を超えるおいしいものに溢《あふ》れていた。何を食べてもおいしい。どの店に入ってもおいしい。普通、どんな国に旅行をしても、五軒に一軒くらいはおいしくない店や料理に出くわすものだと思うけれど、台湾ではそういうハズレが一つもなかった。

「アガワさん、よほど台湾と胃袋が合っちゃったんですね」

同行者に笑われたが、そうかもしれない。少なくとも私にとっては、ホテルのビュッフェの豆乳朝ご飯から、小さな店の突き出しに出てくる漬け物に至るまで、いちいち声を上げて喜ぶ味だったのだ。

もはや日本にもいくつか店を出し、すっかり有名になった小籠包《ショウロンポウ》の老舗《しにせ》「鼎泰豊《ディンタイフォン》」は、私の台湾初体験における最も忘れられない一軒である。狭い入り口を入ると二階の客席に上がる階段手前で、白い上っ張りを着た従業員が所狭しと肩寄せ合って粉と格闘している。手際《てぎわ》よく流れ作業で並べられていく小さな白い塊。それらがそのまま蒸し器に入れられて、客席へと運ばれていく。できたてほやほやの小籠包を箸《はし》とレンゲで上手につまみ、千切り生姜《しょうが》と醬油《しょうゆ》に浸して口に運ぶ。おっと中からアツアツスープ。気をつけないとやけどするよ、おっとっと。うわ、皮が柔らかい。だってできたてですからね。さっき階下でこねていたんだものね。

口のなかをやけどだらけにしながら興奮し合った。あー、いろいろ思い出したぞ。そのあと市場へ行ってビーフンを買い、ついでに見つけた銀糸巻《インスーチェン》も買い、銀糸巻を蒸すための竹の蒸し器も手にぶらさげて、成田に着いたときの姿はまるで行商のおばさんそのものだった。今度の旅はスーツケースをなるべくスカスカにして出かけよう。

普通ハンバーグ

ハンバーグって、どうやって作るの？　と、男友達から電話で聞かれてドキリとした。そういえば久しく作らないうちに、作り方を忘れてしまった。

「ちょっと待ってね」

受話器を耳に当てたまま、料理本の並んでいる棚へ行き、これとおぼしき数冊を取り出してペラペラめくってみる。が、あんなに大衆的で誰もが好きであろう料理にもかかわらず、なかなか出てこない。魚のハンバーグとか豆腐ハンバーグとかハンバーグソースの作り方とか、ひとひねりしたハンバーグはいろいろ載っているが、ずばり「ハンバーグの作り方」がないのである。ハンバーグなんて今さら指南しなくともみんな知っているだろうということなのか。

しかたがないので一度、電話を切り、考えることにした。思い出す努力も必要だ。まず挽肉《ひきにく》は要る。たしか牛と豚の合い挽きを使っていたと思う。と、ここで別の記憶が蘇《よみがえ》る。

　アメリカのワシントンD.C.を訪れたとき、迎えてくれた友人が、「歓迎の印に、今、当地で人気の本格ハンバーガーの店へ連れて行ってあげよう。日本にはまだ出店していないはず」と言い出した。それはうれしい。なんたって本場アメリカのハンバーガーだ。是非とも味わってみたいものである。見た目はマクドナルドにちょっと毛が生えたようなカジュアルな趣の店で、ストライプのエプロンをつけた若い店員さんがニコニコ注文を取りにやってきた。

「えーと、じゃ、このチーズバーガー一つ」

　頼むとニコニコエプロンがボールペン片手に首を傾《かし》げ、

「ハウ　ドゥー　ユー　ライク？」

　ハウ　ドゥー　ユー　ライク？　なにそれ。あなた、どんな、好きですか？　なんじゃそりゃ。

　困惑していたら、隣の友達が説明してくれた。

「肉の焼き方よ。ミディアムかレアかウエルダンか、どれがいい？」

　驚いた。ステーキ屋さんでそういう質問をされるのならわかるが、まさかハンバーグの焼き具合を聞かれるとは思いもよらなかった。

へえ、これはたしかにお洒落なハンバーガー屋さんだね。感心し、出てきた巨大肉厚のミディアムレアなるハンバーガーを食しながら、そうか、アメリカのハンバーガーは合い挽きではなく、牛肉百パーセントなのかと、ますます感心した覚えがある。

さてしかし、日本における自家製ハンバーグは、たしか牛と豚の合い挽き肉を使うと記憶している。少なくとも母が作るハンバーグはそうだった。大きめのボウルに挽肉を入れ、みじん切りの玉ネギと、他にもキャベツとかニンジンとか、ときに椎茸《しいたけ》とか、残り野菜を入れてカサを稼ぐ……というか、野菜を入れたほうが柔らかくなる。さらにハンバーグをソフトに仕上げるため、牛乳に浸した食パンと卵一個を割り入れて、手を使ってじゅうぶんにこねた末、最後に塩胡椒《こしょう》、ナツメグを加えて味を調える。この「味を調える」のが難しい。そんなとき、母はこねたお肉をつまみ上げ、小指の先ほどの大きさに丸めると、熱したフライパンの上に載せて試し焼きをした。これが子どもの頃、楽しみでならなかったことを思い出す。

「ああ、やるやる。サワコがやる」

小さく丸めて油の上にジュッと載せる。そろそろと思われる頃合いに裏返すと、赤い色をしていた肉の塊が茶色い焼き色をつけて、一丁前のハンバーグの顔をしている。かわいいね。まるでハンバーグの赤ちゃんだ。両面の焼けた赤ちゃんバーグを箸で取り上げて口に入れる。

「どう？　塩胡椒、効いてる？」

母に訊《き》かれても、それがいつもわからない。どうだろう。もう一個焼いてみよっか？　私にとっては味見をするより焼くこと自体が楽しかったのだ。

ハンバーグを焼くときに、おへそを作りなさいというのもその試し焼きの際、母に教えられた技である。

「丸くこねたら最後に中心を指で押して、こんなふうにへこませるの。そうしておくと、中まで火が通るからね」

たしかにおへそを作らないで焼くと、ハンバーグというものはだんだん中心が膨らんでくる。ほどよく膨らんだほうが見た目もおいしそうではあるけれど、膨らみすぎると真ん中が生焼けになってしまう。アメリカのハンバーグのように牛肉だけならばそれでもいいだろうけれど、豚肉も入っている場合は具合が悪い。料理にはいろいろコツがあるものだと子ども心に納得したのは、あの「ハンバーグおへそ手法」を覚えたときだったように思う。

さて、出来上がったハンバーグにどんなソースをかけようか。簡単なのはウースターソース。たっぷりのキャベツの千切りとともに表面がカリカリに焼けたハンバーグをリー・アンド・ペリンズのウースターソースにからめて食べるのは何よりのご馳走《ちそう》である。しかしときどき、もう少しジューシーなハンバーグを食べたくなる。そんなときはハンバーグを焼いたあとのフライパンへざくざくに切ったトマトを入れて醬油少々、トマトケチャップちょこっとを加え、トマトソースを作る。トマトの酸味がハンバーグに染《し》み込んで、これまた悪くない。もっとボリュームが欲しい場合はハンバーグの上に目玉焼きを載せる。子どもの頃、よく母にせがんだものだ。

「目玉焼き、載せていい？　自分で作るから」

いろいろ思い出してきた。メモにまとめて男友達に送ってあげよう。もう手遅れかしら。

信玄二重活用

桔梗信玄餅《ききょうしんげんもち》なるものを他人様からいただいた。どうやら一人では食べきれないほどの数が入っている。紙製小振りの信玄袋がずしりと重い。しかし包みの表には、「生菓子なのでお早めにお召し上がりください」と記されている。困ったぞ。

「そうだ、仕事場に持って行こう」

ちょうどラジオ局に行くところだったので、信玄袋をぶら下げて、「お土産です」と差し出した。するとすかさず、

「あ、もしかしてこれ、信玄餅ですか？」

女性ディレクターの目がにわかに輝いた。

「私、これ、大好きなんです」

するとその隣を通過しようとした構成作家の青年が足を止め、

「お、信玄餅だ！」

控えめに叫んだ。

「どうぞどうぞ」

「え、いただいていいんっすか?」

うれしそうに私のそばへ寄ってきたと思ったら、続いて番組のメインパーソナリティのオータケ氏が到着し、「おっ」と信玄餅に目をとめた。

「今、カロリー制限しているから、こういうのは食べないほうがいいんだが」

前置きをしつつ、なぜかビニールの風呂敷《ふろしき》の結びをほどき始めていらっしゃる。そして中身を見たとたん、

「あー、食べにくそうだなあ」

オータケ氏が呟《つぶや》いた。その台詞《せりふ》を聞くや、待ってましたとばかりに構成作家青年が反応した。

「信玄餅って、食べにくいんですよ」

「そうそう、必ずきな粉をこぼすんですよねえ」

女性ディレクターも同意する。しかし一同の顔はなんだかうれしそうだ。驚いた。かつて同じラジオ局の仲間に他のお菓子を持っていったこともあるのに、こんな騒ぎになった例はない。私とて、このお菓子の存在は昔からなんとなく認識していたけれ

ど、ここまで人気が高いとは知らなかった。しかも独特の人気である。まるで、「もう悪さばっかりするから嫌になっちゃうんですよ」とこぼしつつ、無償の愛情を子どもに注ぐ母親の話を聞いているような雰囲気だ。

世の中にはきっとこんな具合に、大好きだけど食べにくい信玄餅に深い愛を抱いている人が少なくないのだろう。制作サイドの方々も、この餅の「玉に瑕《きず》」問題に関して頭を悩ませ考察し、長きにわたって工夫改良を重ねてきたにちがいない。

たとえばまず、ビニールの風呂敷を解くと、立方体をした餅の容器が登場する。その上に行儀良く付属の黒蜜《くろみつ》チューブが載っている。よく見れば、チューブがきちんと容器の中心に収まるよう、蓋《ふた》そのものにチューブと同じ大きさの長方形をしたくぼみがつけてある。これなら黒蜜チューブがずれ落ちたりすることはないだろう。丁寧な気遣いだと感心しながら黒蜜をいったん退《の》けて、くぼみのついた蓋を開けると、むせかえりそうなほどぎっしり詰まったきな粉の山。そのきな粉の山の中心が、蓋の凹形状に押されてくぼんでいるではないか。

そうか、なるほど。ここで理解する。このくぼみ目指して黒蜜を流し込めば、黒蜜が周囲にこぼれる心配はない。蓋のくぼみは、包装する際にチューブがずれるのを防ぐと同時に、きな粉の上で黒蜜が外へ垂れ落ちないための防波堤にもなっているのである。

さて続いて付属の平楊枝《ひらようじ》を握り、いよいよ餅を取り出しましょう。そう意気込んで楊枝をきな粉目指して突き刺すと、ここで難関に出くわす。餅がうまい具合に出てこない。どうやら餅にはいくつかの切り込みが入っていて、食べやすい大きさに分断されている気配はあるのだが、なにせ餅である。切り込みを無視してくっつきたがる。うーん、くっつくな。おい、出てこい。格闘していると黒蜜が横に流れ出し、同時にきな粉が周囲に散る。ええい、ままよと、力任せに餅をつまみ上げた拍子に案の定、きな粉がパラパラと容器の外へこぼれ落ちる。そのとき活躍するのが、そもそもこの信玄餅の容器を包んでいた小さいビニール風呂敷なのである。

そうか、なるほど。またもや感心する。ビニール風呂敷を下に敷いたままいただければ、テーブルや服をきな粉だらけにしないで済む。いわばテーブルマットの役割を果たしてくれるのが、この包装風呂敷である。チューブのくぼみにしろ、風呂敷の用途にしろ、みごとな二重活用法だ。

しかし、ここで素朴な疑問が頭をかすめる。そもそもこのきな粉の分量は多すぎないか。もうちょっと少なくすれば、きな粉が周囲にこぼれる心配も、容器の奥に潜む本体の餅を見つけ出すのに苦労することもないだろうに。が、おそらくこの豊かで贅沢なきな粉こそが、信玄餅人気の秘密なのだろう。きな粉の海の奥深く、静かに眠る金塊のごとき餅を探り当てたとき、あまたの信玄餅ファンは、えも言われぬ喜びに顔がほころぶのであろう。餅を食べ終わったのち、平たい楊枝を駆使して残ったきな粉をちまちま舐《な》めながら、私は信玄餅の魅力について考えた。すくってもすくっても逃げていくサラサラきな粉をすくい疲れてたどり着いた結論は、「よし、このきな粉をウチに持ち帰り、焼いたお餅にまぶしましょう」

そうすれば、食べ残しきな粉も無駄にはなるまい。ほんにまっこと日本人らしい配慮に富んだロングセラー和菓子である。

台湾の玉子様

台湾を旅してきた。「台湾に行くぞ」と宣言して久しく、「あの話はどうなっちゃったんだ？」といぶかしく思っていた読者の皆様、長らくお待たせいたしました。行ってきましたよ、とうとう。食べてきましたよ、たくさん。なにしろたった三泊四日の旅なのに（そこが雑誌の取材の過酷さで）食べ物屋だけで十五軒も回ってきた。しかも南は高雄から台南、台北と三都市を駆け巡る大忙しの旅程である。

さすがに台湾ファンを自称する私といえども旅立つ前は心配になった。そりゃ無理だろう。過ぎたるは及ばざるがごとし。どうなることかと、体力と胃袋に不安を抱えたまま台湾国際空港に到着し、まずは新幹線の駅「桃園」へ向かった。

日本の技術を取り入れたという台湾新幹線の駅は、駅員ガールズが可愛《かわい》いオレンジ色の制服を着ている以外、なるほど日本の新幹線の駅とよく似たつくりになっている。が、大きく違うのは、構内に入るや食欲をそそる香りが溢れているところだ。

「なに、この匂《にお》い。なんだかおいしそう」

クンクン鼻を動かしてその源をたどると、それは構内のコンビニから漂ってくることがわかった。レジ横に、ちょうど日本のコンビニのおでんコーナーのごとく、「茶卵コーナー」があったのである。

茶卵とは、紅茶（おそらく中国の紅茶と思われる）に八角やクローブなど数種類の香辛料を入れ、そのなかで殻ごと煮込んだ卵のことである。単なるゆで卵かとあなどるなかれ。これが妙に美味なのである。

「よく味が染み込んでそうな、そう、そっちそっち」などとできるだけ殻にたくさん茶色いヒビの入った色濃い卵を厳選し、一個八元（およそ二十四円）を払ってその場で殻をむいて食べる。台湾上陸最初に口に入れた味は、旅の途上の空腹をほどよく癒《いや》してくれた。

「へえ、こんな味なんだ」

「おいしいですねえ」

初めて茶卵に出会った編集者やカメラマンが感心するなか、茶卵経験済みの私は秘《ひそ》かにほくそ笑む。でしょー。

私が初めて茶卵に出会ったのは、たしか三度目の台湾訪問の最終日である。帰国するため空港のラウンジでくつろいでいたら、まか不思議な香りが漂ってきた。

「なんですか、これ？」

スタッフに尋ねると、ステンレスの銅鍋の蓋《なべ》を開け、取り出してくれたのが茶卵だったのだ。なんておいしいんだ。どうやって作るんですか？ するとと制服姿のスタッフが親切にも作り方をメモにしてくださった。そのメモが、今、どこへ消えたのやら。細かい香辛料の名前がいっぱい書いてあったのに。

それから数年後、茶卵の話をうわごとのように繰り返していた私のために、友人と台湾旅行に行った我が秘書アヤヤが、「これ、お土産です」と渡してくれたのは、箱入り「茶卵ティーバッグ」だった。このティーバッグをお湯につけ、卵を沈めて煮込めば茶卵ができるという。これは便利とさっそく作ってみたのだが、今ひとつ、あの感動が甦《よみがえ》らなかった。このたび久々に本場の（コンビニですが）茶卵を味わって、改めてその味にひれ伏したのである。

さて、卵と言えばもう一つ、台湾には鹹蛋《シェンダン》（塩卵）がある。初めて塩卵を目にしたのは十五年近く前、台北の市場であった。私にとって初台湾の初市場は見るもの食べるものすべてが興奮の連続で、缶詰も瓶詰もビーフンも、生野菜すら持ち帰りたい勢いだったが、そこで青白い卵の山に出くわした。

「なんですか、これ？」

いつもの質問をしたところ、同行の料理研究家、松田美智子《みちこ》さんが、

「これは塩卵って言ってね、ガチョウの卵をしばらく塩漬けにしたものなんだけど、おいしいのよお。お粥《かゆ》に入れても炒めものに混ぜても何にでも使えるの」

当時、私は皮蛋《ピータン》しか知らず、その塩漬け版と理解した。つまり塩味の濃い卵かとさして興味も湧《わ》かず、すでに両手いっぱいに食料品を抱えていたこともあり、塩卵は買わないで市場を去った。

ところがである。たしかその次の台湾訪問時（クイズ……アガワはいったい何回、台湾を訪れているでしょう？　正解は文末にて発表）、中国野菜と塩卵の炒め物というものを食べて感動した。なんということのないお惣菜《そうざい》なのに、なんだかおいしい。

「そうか、これぞ塩卵の妙味であったか……」

その後、塩卵へのアンテナは急速に高くなった。塩卵入り月餅《げっぺい》というのも、甘さと塩辛さと卵と胡麻餡《ごまあん》が絶妙に混じり合って複雑な味を醸《かも》し出していることを知り、またあるとき塩卵と苦瓜《にがうり》の炒め物を食べて、これにも目を丸くした。

そして今回はちまき専門店にて、蒸《ふ》かしたての巨大ちまきを数人で突っついて、ぎっちり詰まった餅米の間から次々に現れる具を、箸と目と口で一つずつ確認し、

「あ、ホタテだ」

「これは豚肉。栗《くり》も入ってる」

「しいたけもおいしいねえ」

「あれ、この黄色いのは？」

「魚の卵かな。いや、違うぞ。なんだろう」

そう、それがまさしく塩卵だったのである。こんなに用途が広くて楽しくておいしい塩卵を買わないで帰国できようか。最終日、我々一行は残る時間をかき分けて、台北の丸正みたいなスーパーに駆け込んだのであった。(正解は、今回で五回……だと思う)

銀糸巻中毒

このたびの台湾グルメ旅行で楽しみにしていたのはもう一つ、銀糸巻《インスーチェン》を買って帰ることだった。中国料理店でときどき東坡肉《トンポーロー》やフカヒレの姿煮などに添えて供される白いパン（花巻）と同種の中華饅頭《マントウ》だが、普通の花巻とは異なり、中身の生地が糸を束ねたかのごとく繊細に練り込まれている。形状は長さ二十センチほどの太めのコッペパン型で、それを蒸し器で蒸すか、あるいは油で揚げて食べる。味はやや甘めながら、お皿に残った料理のタレをつけて口に入れるとこれはもう、極上の幸せだ。ただそれはレストランの食し方であり、家庭ではそう簡単にフカヒレや東坡肉を作ることはできないから、ごく普通の中華炒め物、たとえば私の場合はニラ豚や、ナスとトマトとピーマンと椎茸と豚肉の醬油炒めなどにつけて食べる。それでも相当な幸せが訪れる。

実のところ、銀糸巻を自分の家で食べられるとは長らく思っていなかった。ところが十数年前、台北の市場で発見したのである。

「なに、これ、もしかして銀糸巻？」

白いコッペパンのような物体が、まるで八百屋の店先に並べられたナスかキュウリのごとく、無造作に積み上げられている。私は狂喜乱舞した。

「あー、これ欲しいです。買う買う！　いくらですか？　何個いるかって？　えーと、どうしよう、迷うよお」

財布片手に売り子のおばちゃんと手振り身振りでやりとりした末、そのときは一つ七十円の銀糸巻を五個ほど買った記憶がある。ついでに老舗の竹細工屋さんへ赴いて、直径三十センチほどの三段組み蒸し器も購入した。そして最終日。市場で買い漁《あさ》った銀糸巻やビーフンや黒酢や豆板醬《トウバンジャン》の詰まったスーツケースを右手に引き、左手には紐《ひも》で括《くく》った蒸し器をぶら下げて、我ながら行商おばさんかと見紛う風体で台湾空港をあとにした。

しかし自宅に戻り、持ち帰った竹製大型蒸し器に銀糸巻を収め、まもなく豊かな湯気とともに甘い香りが部屋中に立ちこめる頃、すべての労苦は吹っ飛んだ。ふかふかに蒸し上がった台湾の味を嚙《か》みしめながら私は決意を新たにしたのである。よし、次回、台湾に行くことがあったなら、必ずや銀糸巻をもっといっぱい買って帰るぞ。

だから今回は是が非にも市場に行きたいと思っていた。しかし、なにせ仕事の旅である。おいしい店は数多く立ち寄ったが、市場に寄る時間は割いてもらえそうにない。えーん、市場に行きたいよお。心のなかで泣いたが、そこは大人のアガワである。仕事優先、わがままを言って他人様にご迷惑をかけてはならない。と、神様はちゃんと見ていてくださるものだ。最後に訪れた台北の「極品軒」という東坡肉自慢の店でメニューを覗《のぞ》いたら、あるではないか、銀糸巻が。

「これこれ、これ、ください！」

まもなくお店自慢のトロトロ東坡肉に添えられて出てきたのは、美しい黄金色に光る揚げ銀糸巻である。

「これこれ、これが食べたかったのです！」

ほんのり甘みのあるプレーン味ながら、いくら食べても飽きがこない。濃厚な東坡肉のタレをつけて食べてもおいしいが、何もつけず、そのままかじるだけでホッホホッホと笑みがこぼれるのだ。

「お味はいかがですか？」

当店の、弱冠二十六歳というイケメンシェフのルルさんが、白衣に野球選手のようなキャップをかぶって我々の前に現れた。彼は今、台北で人気沸騰中《ふっとうちゅう》の若手シェフなのだそうだ。

「ハオチー！　ハオチー！　ぜんぶハオチー！　シェーシェー、ウレチー」

知りうる限りの中国語を駆使して感動を伝える。さらに私は揚げ銀糸巻を指さしつつ、ルル君に微笑《ほほえ》みかけた。

「私、これ、大好き。どこ、売ってますか？　欲しいです。持ち帰りたい」

愛を告白するがごとく、ありったけの情熱を込めて尋ねると、「あー！」と愛らしい笑顔を残してルル君、どこやらへ消えた。と思ったら、両手いっぱいに抱えた真空パック入り銀糸巻とともに戻ってきたではないか。

「僕が作った。いくつ、いる？」

え、ここで分けてくださるの？　おいくらですか。一個、四十元（一元が約二・八円）？　じゃ、えーと……、父と母にあげて、あの友達にあげて、あの人にもあげて、でも自分の分もいっぱい欲しいし……、指折り数えて、十個ください。本当は二十個ぐらい欲しいところだが、そんな下品な買い方をしてルル君の顰蹙《ひんしゅく》を買ってもいけない。せっかく良好なはずの台日関係にヒビが入ってしまう。私は堪《こら》えた。未練を残すことこそが旅の醍醐味《だいごみ》である。また来よう。銀糸巻を求める旅をしよう。

十個の銀糸巻をスーツケースに詰めて帰国後、初めて揚げ銀糸巻に挑戦した。あのカリカリを今一度味わいたい。ディープフライにする自信はなかったので、フライパンに油をたっぷりひき、こまめにひっくり返しつつ表面がまんべんなく黄金色になるまで焼いてみたところ、これが大成功だった。包丁を入れると、バリッと気持のいい音とともになかから湯気が立ち上り、細いうどんのごとき生地が現れる。ふっかふっかだよ、おっかさん！　ああ、もう一口。明日も食べよう、明後日も。なんて具合に食べ続け、両親や友達にも分け続けていたら、いつのまにやら残る銀糸巻はあと一つになっていた。寂しい。

豆乳の朝

しつこく台湾話。ずいぶん昔、台湾で朝ご飯に「お粥が食べたい」と申し出たところ、

「台湾の人は、お粥より豆乳を朝ご飯にすることが多いよ」

案内をしてくれた人に言われた。あら、そうなんだ。香港《ホンコン》では朝、お粥を食べる習慣があると聞いたが、台湾では豆乳朝ご飯なんですね。そう理解して十数年、このたび台湾へ行ってみると、

「そんなことないよ。台湾でもお粥を朝ご飯にするよ」

「それは最近？」

「いえいえ、昔から」

旅先では、そのとき出会った現地の人の話を鵜呑《うの》みにするしかない。かつて教えてもらった情報と違っていて戸惑うことはしばしばあれど、考えてみれば日本人だって

人それぞれに自国に対する理解は異なるだろう。

「東京でいちばん人気がある街はアキハバラなんだって？」

外国人にそう問われ、「そんなことないですよ」と言いたいが、「そうかもしれない」とも思う。主観的解釈と客観的情報を区別するのは難しい。

そんなわけでこのたびの台湾旅行において、私はお粥も豆乳も両方堪能《たんのう》することができた。ことに今回、訪れた台北の豆乳屋さんには恐れ入った。

まず立地が面白い。まさに秋葉原の電気街、それも裏路地の雑居ビルのような、どう見てもお洒落《しゃれ》とは言い難いビルの二階。コンクリート打ちっ放しの殺風景な階段を上がると、突然の人混みである。よく見れば長蛇の列だ。サラリーマン、若い女性、おじいさん、子供連れのお母さん……。列の先頭でカウンター越しに売り子のスタッフがスピーディに注文を差配している。

「温かい塩豆乳を一つと玉子餅一つですね。全部で五十元になります」。そして店の奥に向かって、

「塩豆乳ひとーつ！」

まるでスタバかタリーズのカウンターと同じようなやりとり（らしき模様。中国語だからよくわからないけれど）が交わされている。

なんとこの店、朝の五時半開店で、昼前の閉店時間までずっとこんな混み具合なのだそうだ。注文の品を受け取ると、手にぶら下げて持ち帰る客あり、あるいは店の周辺の空きテーブルを見つけて食べ始める客あり。そのあたりもファーストフード屋と同じ要領だ。違っているのはメニューの中身である。

まず豆乳には二種類ある。甘い豆乳と塩豆乳。ホットとアイス。冷たい甘い豆乳はテイクアウトコーヒーのように、蓋付き紙カップで供される。一方、温かい甘い豆乳は中くらいのどんぶりに入っていて、味はまさに甘めでデザート感覚のスープである。そして温かい塩豆乳は、やはりどんぶり入り。アツアツだが、トッピングに香菜《シャンツァイ》と油條《ヨウティヤオ》（甘くない揚げドーナッツのようなもの。中国ではお粥などに入れる）のちぎったものが載せてあり、単純ながら塩味がほどよくてなんともおいしい。レンゲですくって食べ始めると、止まらない。たかが豆乳と思っていたが、いやいやどうして侮《あなど》れない味である。

その他にもこの店には、台湾玉子サンドとでも命名したくなるような、玉子焼きの挟まれた餅や、細切り大根の入った餅などがある。さらに感動したのは、揚げたての油條が食べられるところだ。

「うわ、これって作りたてなの？」

あち、あちっと叫びつつ、長さ三十センチほどの油條をちぎりちぎり、ふと振り向くと、注文カウンターのすぐ脇《わき》の、ガレージのようなスペースで、五、六人の白衣のオバサン、おにいちゃんたちが大きな台を前にして白い粉をこねているではないか。

その光景はまるで、秋葉原の電気街に忽然《こつぜん》と現れたパン焼き実演コーナーのようである。

「え、ここで作ってるんですか？」

白い粉はみるみるうちに板状になり、大きな包丁で裁断され、そして細い棒になったと思いきや、油を張った中華鍋に手際よく放り込まれる。ジャー、シュルシュル、ピン！　黄金色に揚がった油條は、またもや手際よく箸ですくわれて、豆乳注文カウンターにさっさか運ばれていく。油條鍋の隣には、インドのナンを焼くような窯《かま》があり、そこではさまざまな餅が焼かれている。

「すごいなあ、餅もここで粉から焼いているんだ」

「そうですよ。おいしいですか？」

片言の日本語で近づいてきた白キャップにエプロン姿のご婦人は、聞けばこの店のオーナーだと言う。さらに伺えば、「もう八十二歳よぉ」とケラケラ笑う。

「うっそぉー！」と私は後じさりした。とてもそうは思えない。色白で、頬はかすかなピンクに染まり、お肌はツッルツル。働いていらっしゃるから若々しいのか、若いから働いていらっしゃるのか。もともとがお美しいのか、はたまた豆乳を毎日、召し上がっているとこんなふうになるのか。わからないけれど、とにかく「豆乳美人」と名付けたくなる知的で上品で明るい美しさを兼ね備えたオーナーだ。失礼ながら、一切の洒落たインテリアもしつらえもないこの小さな豆乳屋さんで自ら汗を流して働くことを、心底楽しんでおられる様子が何より美しい。

「あーん、明日の朝もここに来たいよぉ」

旅のボスである編集長のブーに甘えると、

「なに言ってんの。今夜、日本に帰るんでしょ。来たけりゃ自腹で来なさい」

そうですね。もう訪ねる場所は決まっているから、編集長抜きでも大丈夫だ。

スキヤキスキスキ

すき焼きについて書こうと思う。以前、鍋料理をすると、その人の本性がわかるという話を書いたが、すき焼きもしかり。本性ではないが、それぞれの家庭によって作り方がこれほどまでに違うかということを、家族以外の人と鍋を囲むたびに思い知らされる。

「え？　直接、お砂糖入れるの？」

私がすき焼き鍋の上で砂糖をパラパラ振り始めると、たいてい周辺から非難めいた声が上がる。

「駄目？」

「駄目ってわけじゃないけど、甘くなりすぎない？」

そうなんです。我が家のすき焼きはけっこう甘いのです。その点については否定しない。だから子どもの頃、すき焼きがそんなに好きではなかった。最初のうちはおいしいと思うのだが、煮詰まるにつれて味が濃くなって、だんだん飽きてくる。何を食べても甘辛く、食べること自体が苦痛になり始めるのだ。

親族一同の中ですき焼きをもっとも好物にしていたのは父の兄、亡《な》くなった伯父である。広島で小さな会社を営んでいた伯父は仕事でちょくちょく上京した。上京ついでに我が家に立ち寄り、晩ご飯を食べることが多く、そういうときはさりげなく、

「どうじゃ、すき焼きにするかな」

母に提案する。父より十九も歳《とし》の離れた伯父である。母にとっては義理の兄というより舅《しゅうと》のような存在だ。口答えなど許されない。

「そうですね。じゃ、すき焼きにしましょうか」

その声を聞くと私は秘かに「がっくり……」と肩を落とした。またすき焼きか……。高価な牛肉がたっぷり食べられるすき焼きは大ごちそうにちがいない。普通の子どもなら喜ぶところだろうけれど、私はあまりうれしくなかった。伯父ちゃんが来るといつもすき焼きだ。あーあ、気が重い。

こうして作られる我が家のすき焼きの材料は、長ネギ、春菊、白菜、木綿豆腐、しいたけ、白滝ぐらいだったろうか。なぜかウチでは焼き豆腐を使わなかった。そして調味料は砂糖と醤油《しょうゆ》だけである。煮詰まってきた段階で日本酒や水をちょろちょろ足

すことはあっても、割り下というものは使わない。これは後に知ったのだが、割り下を使うのが関東風。砂糖醤油を直接、材料に振りかけるのが関西風らしい。父と伯父の母親が大阪の人だったので、広島で生まれ育った父の舌は関西の味に慣れていたようである。

伯父がどうだったかの記憶は定かでないが、父はすき焼きを始める前に、決まってやっていたことがある。それは、食卓に置いたすき焼き鍋がそろそろ温まった頃合いを見計らい、「まずは一枚だけ」と言って鍋にバターをひき、すき焼き用の肉を一枚、そこで焼く。ジュー。たちまちバターのいい香りが立ちこめる。

「あたしも」「僕も」

家族もれなく一人ずつ、一枚だけバター焼きにするのが恒例となっていた。軽く焼いた薄切り牛肉を皿に載せ、そこへレモンと醤油をチョチョッとたらし、すばやく口に入れる。

「おいしーい!」

「あら、あたし、まだ食べてない」

母が台所から出てくると、

「ほら、早く焼いて食べなさい。それが終わったらすき焼きだ」

父の号令に従ってそそくさとプレリュードを済ませると、ようやくすき焼きの始まりである。

かすかにバターの残る鍋に今度は牛の脂身《あぶらみ》を入れ、じわじわ溶かしていく。油がじゅうぶん鍋に染み渡ったら、そこへまず肉を一枚ずつ。菜箸でサッと焼き、横へ寄せる。また肉を入れて横へ寄せる。ほどよい枚数を焼いたら隣に長ネギをたっぷり。白菜、しいたけ、

「豆腐もそろそろ入れていい？」

「春菊はあとあと。白滝が先だ」

だいたいの具が鍋に揃《そろ》ったら、上から砂糖をサッサカサ。醤油をタラタラタラ。

「足りない足りない。砂糖をもっと入れろ。醤油も」

菜箸で鍋の端を叩《たた》きながら指揮者のように指示を下す父のもと、母と子どもたちは席を立ったり座ったりしながらわさわさと働く。

ジュワー、グツグツグツ。

しばし待機。一同着席。その間に各自の小鉢に卵を割り入れて、また立ち上がり、グツグツグツを覗き込む。

「そろそろいい？」

父の顔を見ると、

「よし、俺にそっちの大きい肉を取ってくれ」

卵の入った父の小鉢に肉の塊を入れ、続いて家族の箸がいっせいに鍋に突撃する。

このあたりまでは私もすき焼きを楽しみに、一口食べて、「おいしい！」と叫ぶのだが、そのうちしだいに箸の動きが鈍くなる。そして肉も野菜も豆腐も白滝もほとんど同じ茶色に染まる頃、心のなかで、「やっぱりしゃぶしゃぶのほうが好きかなあ……」なんて、罰当たりなことを考えるのである。

いつの頃からか、すき焼きが好きになっていた。ときどき無性に食べたくなる。一人暮らしだとなかなか作る機会が少ないと思うから、いっそう思慕の情が募るのであろうか。伯父はすき焼きとゴルフがこよなく好きだった。もう少し長生きしてくれていたら、一緒にゴルフをして、夜はすき焼き鍋を囲んで肉の取り合いができたのに。

古ヒー

世の中には、コーヒーをこよなく好む人がいるものだ。いつ会っても手元にコーヒー。喫茶店や仕事場に着いてまず注文するのはコーヒー。迷うことなくコーヒー。

食事中にずっとコーヒーを飲んでいる男性を見かけたこともある。洋食ならまだしも、和食である。刺身にコーヒーは合わないだろう。横目でチラチラ眺めつつ、本当にこの人はコーヒーが好きなんだなあと感心した。

私はそれほどのコーヒー党ではない。飲まないわけではないし、無性に飲みたくなることも、まあまある。頻度としては、そうですね、ときどき鰻《うなぎ》がむやみに食べたくなるよりは頻繁に、しかし、ああ、ビールが飲みたいと思うほどしょっちゅうではない。

どうやら私の身体《からだ》にはコーヒー限度枠というものがあるらしく、一定の量……だいたい一日に二杯か三杯飲むと、「これ以上は無理。無理、無理、無理」と胃袋がサイレンを鳴らすきらいがある。その警告に逆らって飲み続けると、胃が重くなり、全体的に具合が悪くなる。

実際、今まではそうであったし、そんな経験則に従って、つかず離れずのほどよいコーヒー関係を保ってきたつもりである。そのはずだったのだが、このところ、ちょっと様子が違ってきた。私の胃袋がコーヒーにさりげなく好意を寄せ始めている。

きっかけは、今年の夏、軽井沢の友人宅で朝ご飯をご馳走《ちそう》になって以来と思われる。その友達に、一人で早朝ゴルフに行くという話をしたら、

「あら、ウチ、そのゴルフ場のすぐそばなの。帰りに寄ってらっしゃいよ。一緒に朝ご飯食べよ！」

こうして私はハーフラウンドを終え、朝の八時半頃、ゴルフウエアのままそのお宅に赴いた。

他人の家で晩ご飯をご馳走になる機会はあっても、朝ご飯の席に居合わせることはそうそうない。なるほどこの家では朝、こんなものを食べるのかと、新たな発見があって面白い。テーブルの上には個々の席の前に可愛らしいビニールのランチョンマットが敷かれている。ご馳走は、ポテトサラダとブリーチーズとハムとジャムと数種類のパン。朝からブリーチーズなんて珍しいと思ったが、トーストしたパンに載せて食べるとこれがなかなか新鮮でおいしい。さらに新鮮だったのが、大きなマグカップに

コーヒーを何杯も追加してくれることだった。

「おかわり、いらない？」

気がつくと傍らに、その家のお母さんである私の友人がポット片手に立っている。

「あ、ありがとう……」

「お父さんは？」「アキコは？」

おかわり自由のレストランのように、絶えることなくコーヒーが補充されていく。

いつもなら一杯でじゅうぶんと思うところ、もてなし上手の友人のおかげか、そのコーヒーがおいしかったせいか、あるいは朝の運動が功を奏したか、私はその日、自分としては珍しく四杯も飲む結果となった。

「パン、もう一枚、食べる？」

「いいえ、もう結構です」

ふくれあがった二段腹を叩きながら礼を言い、しばしおしゃべりをしているうちに、じわじわと……、どうしましょう。でもさんざんご馳走になって、こんなきれいな別荘で、それは少々気が引ける。頃合いを見て、おいしかった、ごちそうさまでした、ではそろそろ。立ち上がろうとすると、

「そういえば、こないだの同窓会でね……」

「へえー、その話はまたゆっくり。うんうん、また連絡する、はいはい」

もはや事態は緊急の様相を呈してきた。一刻も早くいとまを願いたい。が、久しぶりに会った友人との話は尽きない。別れるのは忍びがたいが、もう限界だよ、おっかさん。

最後には脂汗がにじみ出んばかりの切迫感をともなってようよう家に帰り着き、バッグも鍵《かぎ》もそこらへんに放り出し、一直線に、向かったのであった。

ほほお。なんという解放感。その後のスカッと感。空気はおいしく、緑はまぶしく、そして機嫌は上々である。

コーヒーはいいぞ。

以来、できるだけ毎朝コーヒーを飲むことに決めた。思えば何かの景品で当たったコーヒーメーカーが家にある。長らくホコリをかぶったままだった。放っておいてごめんね、メーカー君。今日から君が朝のスターだよ。

ところでおいしいコーヒーはあっただろうか。かつてほんの短い期間ではあるが、我がコーヒーブームの存在した時期がある。そのときはハワイで買ってきたバニラやマカデミアナッツなどのフレーバーの入ったコーヒーが気に入って、飲み続けていた。あれはもう全部、使い切ったんだっけ。と、棚を探ったら、出てきました、ハワイ産ではないが、普通のコーヒー豆の入った袋が。これはいつからあっただろう。まあ、いいか。いそいそと袋の封を開け、香りを嗅《か》ぐ。なんだかイマイチ。でもめげずに付属のグラインダーにかけて細かい粉にして、また鼻に近づける。いい感じかな。スプーンで山盛り四杯。一人でも四杯ぐらいは飲めるようになった私である。ちょいと大人な気分だ。ポタポタッという軽やかな音と部屋に漂うホッとする香りにさらなる期待が膨らんで、さあ、出来上がったコーヒーをマグカップに注ぐ。そして一口……。

コーヒーは、やっぱり新鮮に限る。

地方活性豚

大分の友達、渋谷君とミポリンから黒豚が届いた。毎年、彼らは私の誕生日に合わせて自分や近所の田畑で穫《と》れた農産物を送ってくれる。収穫したばかりの新米、さといも、巨大な梨《なし》、さつまいも、栗、ぎんなん……。秋の味覚のいっぱい詰まった段ボール箱が宅配便のお兄さんの手によってどさっと運び込まれた。

「さつまいもはミポリンから。玄米は渋谷産。栗は少し時期が下がったので、おいしくなかったら適当に処分してください」

荷物とほぼ同時にメールも届いた。手作りといって、こんなにうれしい手作りプレゼントはないだろう。ワクワクしながら荷をほどく。まるで大分に親戚《しんせき》がいる気分である。その恒例プレゼントに今年はおまけがついた。

「別便でまもなく黒豚も届くはずです。我らが地元、山国町《やまくにまち》の若手の畜産農家が丹精込めて育てた、最近売り出し中の『黒豚』です。ご賞味ください」

その言葉通り、数日後にクール宅配便が来た。なかには真空パックされた分厚い豚肩ロースが八枚。イキイキピンク色をしている。あらまあ、立派な豚肉だこと。見つめながら考えた。さて、この豚肉で何を作ろうか。姿かたちからはとんかつに適した厚みと大きさではあるけれど、一人分のとんかつを作るのはやや面倒だ。渋谷君のメールには、「塩、胡椒《こしょう》でシンプルに焼くだけでもおいしいです」とあった。なるほど塩焼きね。でもなあ……。

豚というと即座に思いつくのは私の場合、生姜《しょうが》焼きである。なぜ私はこんなに生姜焼きが好きなのか。それには明確な理由がある。小学生の頃、近所に小さなレストランがあり、出前もやっていた。その店の出前で取った「豚肉生姜焼き」が、私にとって生まれて初めての生姜焼きであり、その感動がいつまでも脳みその片隅から離れない。出前という贅沢感《ぜいたくかん》と相まって、それまで家で食べたことのない味に、目が覚めたような喜びを覚えた。以来、お店で「生姜焼き」の名をメニューに見つけるとフラフラと吸い寄せられる。そしてつい、注文するのである。

今まで数々あちこちの生姜焼きをチェックしてきた私の好みから言うと、生姜焼きには薄切りの豚肉が適していると思われる。しゃぶしゃぶ用ほど薄くなくてもいいけれど、火を通したとき、ヒュルヒュルッと縮こまるほどの薄さがいい。そして味つけは、もちろんたっぷりの生姜とニンニク、塩胡椒、みりんと醬油を少々……って感じでいいのかしらね。実のところ、あちこちの店で食べてきた経験はあるものの、自分で作ったことは、ほとんどない。今、気がついた。この際、いい加減にいこう。付け合わせの野菜にはとんかつ同様、キャベツの千切りが最も好ましい。そう思うのは、最初に出会った生姜焼きにキャベツの千切りが添えてあり、お皿に広がる肉汁がキャベツと混ざり、その肉汁キャベツとお肉を白いご飯にからめて食べるとたまらなくおいしいと思ったからだ。でも冷蔵庫を覗くと、キャベツはない。まあ、いいか。かわりにニンジンのかけらと玉ネギと長ネギとトマトを見つけた。

さて手元の黒豚君を眺めてみると、なんといっても厚手である。これを薄切りにするのは至難の業だ。まあ、いいか。包丁を裏返し、パンパン叩く。叩いて叩いて、少しだけスリムになっていただく。続いてニンニク、生姜をたっぷりみじん切りにして、フライパンにオイルを引き、黒豚君とともにジャッと焼く。いい香りがしてきたぞ。焼き色がついたらニンジン、長ネギ、玉ネギの薄切りとトマトのざく切りをぶち込んで、塩胡椒をパラパラパラ。そして蓋《ふた》をする。豚が焼けるのを待つ間、ふと思いつく。以前にチキンのソテーを作ったときに使ったローズマリーも入れてみよう。バルコニーにたくさん生えている。身近に生のハーブがあるって、なんと幸せなことだろう。

自分で育てているわけじゃないんですが。

ローズマリーを入れたら今度は、また思いつく。そうだ、せっかく届いた栗とぎんなんも入れてみようかしら。私が茹《ゆ》でた栗の甘皮を我が秘書アヤヤが「なかなか楽しい作業です」と苦笑いしながら丹念に剝《む》いてくれた。有効活用しない手はない。ぎんなんは最前、酒のつまみ用に煎《い》ったところだ。栗とぎんなんを黒豚君の〝鍋〟に放り込み、そしてまた思いつく。ガス台の奥に、いつからあったか、栗酒というラベルのついたボトルがホコリをかぶっている。たしか甘いリキュールだった。みりんのかわりにこれを入れてみよう。我ながらグッドアイディアだ。ダボダボダボ。ますますもっていい香りが部屋中に満ちてきた。

「できたぞお」

時計を見ると夕方四時。こんな時間に食べたら晩ご飯、食べられなくなってしまいますぅと抵抗するアヤヤに無理やり勧め、どうじゃと問えば、「うーん、生姜焼きというか、いわゆる洋風ポークソテーですねえ」

本当だね。生姜焼きが好きって言ったのは誰だっ。調理法はさておき、豚肉の味には驚いた。柔らかくてコクがあって、しかも脂の部分もペロリと食べられる。こんな甘い豚の脂は食べたことがない。さっそく渋谷君にお礼のメールを書く。実においしい豚でした。するとすぐに返事が届いた。

「よかったあ。アガワさんの一言が大分の畜産農家の笑顔につながり、意欲をかき立てます」

こんなに手軽においしい思いまでして地方活性化に貢献できるなら、いくらでも、いつでも協力させていただきますぜ。

目刺しの行方

わたくしごとで恐縮ながら、と書き出してみたが、思えばこの連載では毎回「わたくしごと」を書いているわけで、わざわざ断る必要もないような気がしてきた。が、とりあえず、このたび生まれて初めて料理番組なるものを始めることになった。どこのチャンネルかは恥ずかしいのでここでは明かさないけれど、始めてみたら、それはそれでいろいろな発見があり、カメラの前で料理をしたりゲストとお喋《しゃべ》りしたりするのはややこしくて大変だけれど、まあ、今のところは面白い仕事だと思っている。

番組のスタイルは、毎回、ゲストをお招きし、その方の思い出の味をキッチンスタジオにて再現し、さらにそのメニューや材料から発展させた別の料理も加えてもてなすという趣向だ。もちろん私一人が料理を作るわけではなく、美しい料理の先生が指導と調理を担当してくださるので、ご安心を。

先日の収録ではイッセー尾形さんにお越しいただいた。イッセーさんとはかれこれ十五年ほどの仲で、といってそれほど頻繁に会うわけではないが、久々に再会してもなんだかいつもホッとする貴重な友である。そのイッセーさんの思い出の味は何かと収録前に伺えば、

「目刺し」

たちまち調理指導のなっちゃん先生の目が点になった。

「だって、目刺しですよ。焼く以外にどうアレンジすればいいのか、悩みましたよお」

で、どんな料理を考えたのですか。

「いちおうそのー、目刺しと牛蒡《ごぼう》の梅煮と、もう一品、目刺し炒飯《チャーハン》」

やや自信なさげに発表するなっちゃん先生の、収録前数日間の苦しみが伝わってくるようだ。ではさっそく用意した目刺しをコンロで焼いてみましょうか。私とイッセーさんが菜箸《さいばし》を持ち、交互に目刺しを焼き始めたら、スタジオじゅうがみるみる煙に包まれた。目の前のカメラマンやスタッフが目をしょぼしょぼさせながら空をパタパタ仰いでいる。あら大変。慌《あわ》てて焦《こ》げ目のついた目刺しを皿に取り、一口食べる。

「まあ、おいしい！」

正直なところ、私は目刺しというものに疎《うと》かった。普段、目刺しを食べたいと欲し

たことも買ったこともない。食べたことがないわけではないけれど、印象としては、かたくて塩辛くて、よほど日本酒の好きなオジサンでないかぎり、好んで食べないであろう酒の肴《さかな》と思っていた。ところが口に入れた目刺しのなんと柔らかく、味の凝縮していることか。

「目刺しって、こんなにおいしかったんだ」

驚く私の隣でイッセーさんがニンマリ笑う。

「僕ね、初めて一人芝居で地方公演に行ったとき、青森の居酒屋で目刺しに出会って、その感動が忘れられないの」

得意そうに語り出したイッセーさんの横で、料理指導のなっちゃん先生が解説を加えた。

「目刺しはいわしですから、カルシウムが多く含まれているんですよ」

そのときイッセーさんの目玉がぐるんと動いた。

「え、目刺しって、いわしなの？」

なんだ、目刺しに詳しいんじゃなかったのかい？

「いや、俺、目刺しは、メザシっていう魚かと思ってた」

ひょんなきっかけで、それまでの人生における確たる認識を覆《くつがえ》されることがあるものだ。

「メザシって魚が海を泳いでいると思ってたの？」

カッカと笑ったアガワはしかし、心のなかに、「目刺しって全部、いわしなの？　他の魚で目を藁《わら》や紐《ひも》で刺して干したものはないわけ？」と秘《ひそ》かな疑問を抱いたが、そこで恥をかくとイッセーさんを笑えなくなるので黙っておいた。

とにかく焼いた目刺しがおいしいことはじゅうぶんに立証された。続いてアレンジ料理に移る。なっちゃん先生が声高らかに、

「牛蒡と目刺しの梅煮を作りましょう」

牛蒡を笹《ささ》掻《が》きにし、梅干しはよくほぐし、酒、みりん、醬油、砂糖、生姜をひと煮立ちさせてから、そこへ目刺しと牛蒡、さらに青唐辛子を加えてしばらく煮る。全体がしっとり絡《から》んできた頃合いを見計らい、

「どうですか？」

味見を求められた私とイッセーさん、一口かじって顔を見合わせた。

「……どうなんだろう」

「おいしくない？」

なっちゃん先生が不安げな瞳《ひとみ》で我々を見つめる。

「どうなんでしょう……ねえ」

先生には申し訳ないけれど、どうもピンと来ない。料理番組でこんな反応をするのはいかがなものかと思いつつ、でもとりあえず、「おいしい！」とは応《こた》えにくい。

「では……」とがっかりした様子のなっちゃん先生、続いて目刺しを油で揚げて、細かくほぐし、みじん切りにしたニンニク、生姜、葱《ねぎ》、ザーツァイ、香菜とご飯を合わせてチャー、シャッシャッ。炒めるところはイッセーさんにも協力していただき、最後に塩、胡椒、醬油で味を調えて、

「はい、目刺し炒飯。これはいかが？」

「これはおいしい。たしかにおいしい！」

ようやく全員の笑顔が戻ったが、私は秘かに思う。さて自宅に戻って目刺し炒飯を作るかと考えれば、油で揚げる手間がやや面倒か。となると結論は一つ。

目刺しは焼くにかぎるね。

ドバッとキャビア

去年の秋、我が秘書アヤヤが私の誕生日にキャビアをくれた。なんと心優しい秘書ではないか。深く礼を言い、リボンがついた（いただいておいて失礼ながら）小さなキャビアの包みを冷蔵庫にしまい、しばし大切に取っておいた。

と、先日、とうとうその包みを開封する機会が訪れた。久しく会っていなかった友達が家を訪ねてきたので、せっかくの記念だ、そうだ、キャビアをあけよう！　ついでにシャンパンもあけよう！　吝嗇《りんしょく》で知られる私であるが、たまにはゴージャスな思いもしたくなる。といって、秘書からいただいたキャビアと到来物のシャンパンなので、私の出費といえば玉ネギとレモンとパンぐらいのものですが。

その玉ネギをみじん切りにして水にさらし、ギュッとしぼり小皿に盛る。レモンはくし型に切ってこちらも小皿。滅多に使わない洋皿を棚から出し、滅多に使わないシャンパングラスも並べる。

私がテーブルセッティングをする傍らで友人はシャンパンをあけるのに苦戦している。用意したのはクリュッグだ。大事な日のために取っていた一本である。

「ちゃんとタオルで押さえてね。気をつけて」

ビクビクしながら見守るなか、ポッ！　無事にコルクが抜かれ、細長いグラスにとくとくと注がれるシャンパンの泡が美しい。うわ、きれい。感激している暇もなく、チン。パンが焼けた。私はオーブントースターへ走る。きつね色に輝くトーストを取り出して、耳を切り落とし……、焼きたてのパンを切るときのサクサクッという音が私は好きだ。切った直後、あたりに広がる香ばしいパンの匂《にお》いも好きだ。八等分にして皿に並べる。切り落とした耳も並べる。もったいない。

「ほらほら、早く」

そうそう、忘れていた。今夜の主役のキャビアにご登場いただかなくては。冷蔵庫から取り出して、ニマニマ顔で席につく。

小さなパンに薄くバターを塗り、小さなスプーンでキャビアをひとすくい、ちょっと多いから減らしましょう。かわりに玉ネギをたっぷり盛って、大きな洋皿の片隅に載せる。レモンをしぼり、

「はい、どうぞ」

自分の分も作ろう。キャビアをひとすくい……は多いね。少しだけ減らし、友の目に入らぬうちに急いで上から玉ネギとレモン。

「では、乾杯！」

クリュッグを口に含み、キャビアの載ったトーストをひとかじりする。

「うーん、おいしい！」

「これは上等のキャビアですなあ」

灰色がかった大粒の、ねっとりと舌にからまるその味は、たしかにホンモノ上等キャビアのものである。改めて、秘書より賜わりし小瓶を裏返して見てみれば、品名がキャビア（ベルーガ）、二十五グラム。原産地はロシア。原材料、チョウザメ魚卵、塩と、瓶が小さいからこれまた極小の字にて記されてある。噂《うわさ》によれば、ベルーガキャビアはもはや絶滅の危機に瀕《ひん》しているという。こんな贅沢ができるのも、今夜が最後かもしれない。そう思うとなおさらいとおしくなり、お皿の隅に落ちた一粒もないがしろにできない。

三十年ほど昔のこと。父と二人でパリを旅した折、シャンゼリゼ通りの裏路地のキャビア専門店を訪れた。キャビアの専門店があること自体に驚いたが、さらに仰天したのは店内のガラスケースに、バケツいっぱいほどのキャビアが種類別に入っていたことだ。客の指示に従って店員が、片手に直径十センチほどのアルミ缶、片手に巨大なスプーンを持ち、ドバッとキャビアをすくい上げる。その光景はまるでアイスクリーム屋さんで、チョコチップアイスクリームを容器に入れるときのような豪快ぶりである。

「ひえー！」

そのとき私は心に誓った。いつか私もお金を貯《た》めて、この店でドバッとキャビアを買って帰りたい。父がそのときどれほどの量を買ったのかは覚えていないけれど（そんなに多くはなかったと思う）、親の力に頼ることなく、誰に気兼ねをすることもなく、自分の力でドバッと買って、ドバッと思う存分、食べてみたいと思った。

そしてその十数年後、再びパリを訪れた。願いは一つ、かの思い出のキャビア屋に行くことだ。よし、買うぞ。呆《あき》れるほど買っちゃうぞ。シャネルの店を覗《のぞ》くよりはるかに興奮し、エルメスのバッグを買うより剛胆な覚悟を持って私は歩を進めた。不確かな記憶を頼りにようやく、ここかな？　とおぼしき店の扉を開けて、なかに入るとどうも様子が違う。夢にまで見た、たっぷりキャビアの姿がない。巨大スプーンを握る店員もいない。あるのは棚に並んだ小さな缶や瓶ばかりだ。私は直径四センチほどの小さな瓶を指さして、これはおいくら？　と尋ねると、

「ショワショワショワ」

フランス語のつぶやきとともに数字を示され、頭のなかで換算し、明らかになったのは二万円。これで二万円⁉

「あー、じゃ、これ、一つ」

夢破れて、極小ベルーガあり。

ロシア、カスピ海方面のチョウザメの皆様に告ぐ。乱獲の手から逃れ、どうか長生きしてください。そしていつかまた、皆様の美しきお子様たちの姿を、たまでいいですから、たっぷり見せて、いや、味わわせてくださいませ。四枚目のトーストにキャビアを載せようとする友を睨《にら》みつつ、私は静かに祈った。

白いスープと寒い夜

しんしんと冷え込む夜に思い出す。先年の冬、韓国に行った折に食した白いスープのことである。たった二泊三日の、しかもソウル到着が夜遅い便だったので、実質は二泊二日の旅と言ってもいい。同行女二人と私は「何を食べようか」ばかりに心捕われ、事前に韓国通の女友達から「おいしい店リスト」を作ってもらい、万全の態勢で現地へ赴いた。

それにしてもそのリストの分厚いこと。単純計算して一日三食、いや頑張って四食食べたとしても合計八食が限度だろう。にもかかわらず、入手したリストには二十軒以上の店の情報が載っている。

「どうしよう、厳選しなきゃ」

一食たりとも無駄にしたくない。まず到着早々、夜の街へ繰り出すことにした。リストに載っていたソルロンタン（モツの入った牛骨スープ）の専門店が、偶然にも泊まったホテルの目の前にあることが判明したからである。

「スープなら胃の負担にならないし、夜食にちょうどいいんじゃない？」

二十四時間営業というその店にワクワクしながら入ると、

「ダメダメ、今、クリーニングタイム」

どうやら掃除の時間にぶつかったらしい。

「何時から営業再開ですか？」

尋ねると、

「深夜一時です」

それは遅すぎる。おずおず退散し、その近所の韓国居酒屋でニラチヂミや豆腐チゲなどを注文して空腹をしのいだが、思えばあのときから私の胃袋は、食べ損ねた白いスープへの思慕がずんずんと高まっていったのである。

実はその旅には男子も四人同行していた。仕事仲間の慰安旅行だったのだ。つねづね思っているのだが、概してオトコは、オンナと比べて海外での食に執着が薄い。そして保守的である。最初の一、二食はとりあえず、その土地の食べ物を試してみようとするけれど、すぐに飽きるのか口に合わないのか、三食目あたりからは圧倒的に、無難な中華か和食を求めたがる。せっかく来たのだから、その国でしか食べられないものを食べようよ。そういう貪欲《どんよく》さはないらしい。人にもよるが、私の拙《つたな》い旅経験において、オトコはたいてい、意気地がない。

そういう予測がついていたので、なおさら今回の女三人は結束した。

「男子組に引きずられないようにしようね！」

そして二日目の朝。二日酔いと睡眠不足の形相でロビーに降りてきた殿方の、意識が朦朧《もうろう》としている隙《すき》に、

「私たち、朝ご飯食べに出かけてきまーす」

オトコを捨て置き、さっさと出かけた。前夜に食べ損ねた白いスープが気がかりだ。でも同じ店では芸がない。ではどこへ行く？　リストを漁《あさ》り、この参鶏湯《サムゲタン》の店ってのはどうかしら。雪のちらつくソウルの街を黙々と歩き、ようやく見つけた目当ての店で参鶏湯の水炊《みずた》きコースを満喫した。そして夜は焼き肉、間にエステや垢《あか》すり、ショッピング。

この旅にて私が最も感動したのは、最終日の朝に行ったソルロンタン専門店（初日に食べそびれた店とは別）、「白松《ペクソン》」である。

「白松」と、和菓子屋のような店名なのに、英語も日本語も通じない。壁に貼《は》られたメニューはすべてハングル文字。観光客はあまり来ない店らしい。

「いちばんシンプルな店の名物はきっと安価であろう」との推察をもとに、日本円にして八百円の品を注文すると、はたして予想は的中。土鍋《どなべ》に入ったぐつぐつ白濁スープと銀の器に入ったご飯とキムチやカクテキがどっさり。

「これで八百円？」

驚愕《きょうがく》の安さと驚愕のおいしさだった。おまけに店の造りは韓流時代劇に出てくるような古風な趣で、店の若い女の子は、言葉が通じなくてもこよなく親切で可愛《かわい》らしい。

「いやあ、来てよかったねえ」

ふくれたお腹《なか》を叩きつつ、でも胃がもたれる感覚はまったくない。幸せ一杯の気持で店を出て、しばし歩いていると、見覚えのある看板が目に入る。

「土俗村《トソッチョン》」

そうだ、この店も参鶏湯で有名だったはずだ。古い屋敷を改造し、日本人観光客も足繁《しげ》く通う名店だが、以前、テレビの取材で立ち寄っておいしかった記憶がある。

「ここの参鶏湯も食べたかったねえ」

店の前でひそひそ話していたら、店内から日本語で「いらっしゃいませ、何名？」と招き入れられた。

「いえいえ、今日はお腹いっぱいでもう食べられないんです」

そう応えると、

「テイクアウト、ありますよ」

「あら」と迷うまもなく、手には参鶏湯の紙袋をぶらさげていた。一つ千二百円。中を覗くと密閉容器に、白いスープに浸《つ》かった立派な鶏《とり》が一羽、丸ごと入っている。

「日本に持って帰れるのかなあ。心配」

さてはて、持ち帰ることができたのです。驚いたね。手荷物ではなく、空港にてしっかり梱包《こんぽう》してもらった上でチェックイン荷物として預けることができた。しかも帰宅して開封したら、一滴のスープもこぼれていなかったのである。白いスープをすすりつつ、私は思った。次はいつ韓国へ行けるだろう。

たまパーティ

パリ帰りの女友達ともちゃんが、チーズをたくさん抱えてやってきた。このご時世、気軽にメールをしたら「今、パリです」とか「今、ハワイ」なんて返信が戻ってくることはざらである。やだ、パリなの？　豪勢ね。いえいえ、仕事ですよ。おいしいチーズ屋さんを見つけたので、お土産に買って帰るから、一緒に食べましょうね。一緒に食べようと言われても、外でというわけにはいかない。互いに一人暮らしの身である。彼女の帰国後、さて、どっちの家にするかと問えば、

「そりゃもちろん、サワコさんチに決まってるでしょう。ワインとフォアグラも買ってきましたからね」

うれしいけれど、えー、でもウチ、散らかっているぞ。部屋を見渡すかぎり、とても客人をもてなす景色ではない。それに、翌朝は早くから出かける用がある。ともちゃんはなかなかの酒飲みという噂だ。酔っ払って長居をされても困る。あんまり遅く

までダメよと釘《くぎ》を刺すと、当人ケロッとした様子で、

「大丈夫ですよ。さっさと帰るから」

「本当かしら、アヤシイなあ」

昔はときどき友達を招いてパーティをしたものだ。今よりよほど狭いアパートに、仕事仲間の若者たちを三十人近く呼んだこともある。座るところもままならず、ふと気づいたら、バスルームの隅っこでお皿を抱えて談笑しているグループがいた。カレーや鍋物や炒《いた》め物を次々に作り、床の真ん中にデンと置くや、たちまちカラになる。ご飯を炊くと、あっという間に食べ尽くす。まるで欠食児童を引き取った寮母の気分だったが、それはそれで楽しかった。

しかしいつの頃からか、人を招くのが億劫《おっくう》になっている。部屋を片づけ、大量の料理を作り、がやがやのなかでお喋りをして、夜中に一人でグラスやお皿を洗う気力とエネルギーが、ウエストのくびれとともに失《う》せた。ウエストのくびれと接待力になんの関係があるかと聞かれると、よくわかりませんけれど、とにかく人に会うなら外食に限る。そう決めてから、めったに友を招かなくなった。

ところがいざ、ともちゃん来宅の日になってみると、ちょっとばかりウキウキしてきた。何を作ろうか。赤ワインとチーズとフォアグラに合うものねえ。

冷蔵庫を開ける。数日前に焼いたローストビーフがある。これがとりあえずのメインだ。あとは野菜か。トマトと玉ネギがある。オイルとお酢と塩胡椒でドレッシングを作り、玉ネギをみじん切りにして混ぜ、スライストマトにかけて冷蔵庫でよく冷やす。ニンジンのサラダも作ろうと思ったら、ニンジンが少々しょぼくれていたので、生で食べるのを諦《あきら》めて、急遽《きゅうきょ》、ニンジンのグラッセに変更する。あとは、何か汁物も欲しい。戸棚を開けると、到来物の缶詰スープが目に入った。ドレッシング用玉ネギのみじん切りが残っている。そうだ、コーンスープにこのみじん切りを入れて牛乳で伸ばしたら、ひと手間コーンスープの完成だ。

「はい、ではカンパーイ！」

　食卓に並ぶのは、ブルーチーズの代表格、ロクフォール、今や誰もが知っているカマンベール、名前のわからない白カビチーズとセミハードタイプの黄色いチーズの四種類。そのまわりにローストビーフとトマトサラダとニンジンのグラッセとグリーンサラダ。そして未開封のフォアグラのガラス瓶である。

　ジャム瓶のようなフォアグラは、蓋と本体の間にオレンジ色のゴムパッドが挟まっている。はてどうやって開けるのか。

「これ、どうなってるの？」

説明書きも何もない。ゴムパッドを引こうが押そうが、蓋と瓶の間にバターナイフを突っ込もうが、さらにお湯につけて湯煎《ゆせん》をしようが叩《たた》こうがさすろうが、ウンともスンとも反応なし。せっかくワインを一口飲んでいい気分になってきた矢先、我々二人はグラスを捨て置き、フォアグラと格闘、協議、懇願、落胆、再挑戦の末、要すること三十分、とうとう最後に、「開いた！」。

なにかの拍子でポコンと蓋が開いた。

「まったくフランス製ってのは缶詰も瓶詰も、そもそも開かないようにできている！その点、アメリカ製は実にうまくできているんだけど、不味《まず》いんだよなあ」

父がよくぼやいていたのを思い出す。

無事にフォアグラが開いたことを祝って改めて、「カンパーイ！」だ。パンに塗って、一口。チーズをかじって、ワインを一口。

「さすが本場物だ。おいしいねえ」

「このローストビーフもおいしいですよ、いつ焼いたんですか」

「えーと、昨日か一昨日か、一昨昨日かな」

「このニンジンもおいしい」

「よかったよかった」

しなびたニンジンも、本望であろう。

「あ、忘れてた。スープを温めてこなきゃ」

再び台所へ突進する。くつくつ煮立つコーンスープのうしろで、ディズニーの名曲を歌うアレクシス・コールのハスキーな声が響く。パーティと呼ぶほどのディナーではないけれど、たまに友達を招くと見慣れた部屋がお洒落《しゃれ》に映る。悪くない晩餐《ばんさん》だ。

ともちゃんはその後ワインを飲み干して、「さてそろそろ」と、来たとき同様、ケロッと席を立った。いっぱいおいしいもんを持ってきてくれたのに、追い返したようで申し訳ない。いい客人だった。

「また来てね、バイバイ」

再生ティラミス

ティラミスの作り方を覚えた。もはやブームが去って幾星霜。ああ、ティラミスか、昔さんざん食べてもう飽きたよと思っている人が多いかもしれませんけれど、イタリアンレストランで味わったあのデザートが、これほど簡単に家で作れると知ったら、また新たなティラミスとの出会いを実感するはずだ。現に私がそうだった。それはあたかも、別れた恋人に再会した瞬間のごとき、たいして再会したいとも思っていなかったあの人と、案外、自然に会話ができて嬉《うれ》しかったときのような、もうこの人に対して何の感情も抱いてないと思っていたけれど、やっぱり一度好きになっただけの魅力があるわと再認識したような、そんなしみじみとした感動である。

作り方を教えてくださったのは、ただいま料理番組でご一緒のなっちゃん先生である。

「まずマスカルポーネチーズを用意してください」

マスカルポーネチーズ？　その名はときどき耳にするが、自分で買って使ったことはない。そもそもどういうチーズなんですか。

「イタリアのクリームチーズで、自然の甘みが少しついています」

そう説明されて、目の前のマスカルポーネチーズを指ですくって舐《な》めてみると、つまりは生クリームを長く冷蔵庫に寝かせているうちに固くなってしまいましたというときの味によく似ている。

「ああ、じゃ、ちょっと古めの生クリームでも代用できるかしら？」

「それは駄目です。生クリームはクリーム。マスカルポーネはチーズですから」

その違い、よくわからないけれど、とりあえず頷《うなず》いておく。さてそのマスカルポーネチーズに卵黄一個、ラム酒少々と砂糖を加えて混ぜておく。別のボウルで生クリームを軽く泡立て、マスカルポーネチーズと一緒にする。そのクリームの下に敷くスポンジケーキはどうやって作るのかと思いきや、なっちゃん先生が取り出しましたるは、イタリア製フィンガービスケットという棒状のビスケット。それをお皿にコロコロ並べ、上からコーヒーシロップをたっぷり注ぐ。まもなく、手で持ち上げただけでグズグズに砕けそうな、シロップひたひたビスケットが出来上がる。それを器に敷き詰めて、上からくだんのマスカルポーネクリームをたっぷり載せる。さらにココアパウダーを飾りに振りかけてしばらく冷蔵庫に入れると出来上がりというわけだ。

「へえ、ティラミスって、オーブン使わないで、こんなに簡単にできるんですか」

簡単手間いらず料理とわかるとたちまち燃える。家に帰ってさっそく我が秘書アヤヤに食べさせたくなった。

「フィンガービスケットがなかったら、カステラでもいいですよ」

なっちゃん先生のその言葉が決め手となった。そうだ、長らく食べそびれていたバームクーヘンがあったはず。あれを使ってティラミスを作ってみよう。

近所のスーパーで、難なくマスカルポーネチーズは手に入った。ラム酒は家にある。コーヒーシロップ？　つまりは濃いめのコーヒーを甘くすればいいのかな。準備は整った。まず、バームクーヘンを薄切りにして、そこへ飲み残して濃くなったコーヒーと、ついでにコーヒーリキュールを少し加え、ついでのついでにスコッチをすこっち入れてお酒モードを高める。おっと、生クリームを買い忘れた。が、まあ、いいか。これと、冷蔵庫を眺めていると、しばらく前に作り置いた洋梨の砂糖煮が目に入る。これを間に挟んでみるのはどうだろう。料理はいい加減でもできるけれど、菓子は分量通りに作らなければ失敗します。若い頃、ある人にそう言われ、几帳面《きちょうめん》とはほど遠い私に菓子作りは向いていないと思ったものである。が、このティラミスに関しては、何をどうしようとさほどの失敗にはなりそうもない。作るうちにどんどん加工アレンジしたくなる。

そもそもこのティラミスが生まれた経緯を想像するに、おそらくイタリアのお母さんが、カチンカチンになったビスケットと飲み残して濃くなったコーヒーをもてあまし、これを使ってなにかドルチェを作ることはできないかしらと考えた末に生まれたのがティラミスだったのではあるまいか。世界で美味と言われる家庭料理には、残り物のアレンジが多いと聞く。焼き餃子《ぎょうざ》は、そもそも水餃子をごちそうとしていた中国人が、残って固くなった餃子を焼いて食べたことに始まったという。今流行のラスクなんぞも、つまりはフランスパンが余って困って生まれた菓子であろう。食パンを余らせて味が落ちたとき、私はフレンチトーストにして食べるが、あれももしかすると残ったパンの有効利用だったかもしれない。

さて、洋梨コンポート入りのバームクーヘン版ティラミスは、生クリームなしでもじゅうぶん立派に出来上がった。でも何かが足りないね。そうだ、最後にココアパウダーを振りかけるんだっけ。慌てて棚を漁ってココアの缶を探したが、見つからない。

「チョコレートを削って散らしたらどうでしょう」

そうだね、それはグッドアイディアだ。有能アヤヤの一声で、ちょっと固くなりつつあったチョコレートを使うことにした。

分量も材料もいい加減。甘さ控えめ、お酒多めのティラミスは、こうしてアヤヤも喜ぶ出来映えとなった。死にかけていたバームクーヘンもさぞや本望であろう。

酸《す》っぱ好き

いつ、どこで覚えたのかは知らねども、ウチには昔からお味噌汁《みそしる》に梅干しを入れる習慣がある。おそらく母があるとき、どなたかから習ったのだろう。試してみたら、その味を父が気に入った。そして娘の私は、親元を離れて一人暮らしを始めてのちも、その習慣を踏襲している。

変わってるねえと、ときどき人に驚かれる。

「それって、どんな種類の味噌汁にも入れるの？」

問われてみれば、たしかに大根、豆腐、ワカメ、油揚げのときには入れるけれど、アサリには入れないかもしれない。

「それって、梅干し一個丸々？　作る段階で鍋に入れるの？　それともお椀《わん》に？」

いいえ、鍋に。味噌汁鍋に一つ丸ごと、ポトンと落とす。格別つぶすこともなく、自然に熱でふやけるのを待つ。だから翌朝、残って冷えた味噌汁をするときはなおのこと、梅干しの酸味が全体に広がって、さらにおいしく感じられる。

「変わってるねえ」

説明すればするほど、驚かれる。

たしかにそれと知らずに飲んだら、あれ、この味噌汁は腐りかけているのかと不安に思う人がいるかもしれない。そこで私は拙宅にて味噌汁を客人に供する際、「この酸味は梅干しですからね。決して腐っているのではありませんよ」と前置きをしておかなければならない。

先日も仕事場でその話をしたところ、男性諸氏からはまったく賛同を得られなかった。インスタントながら実際に梅干し入りの味噌汁を作ってその場で試食してもらったが、それでも「ふうん」と首を傾《かし》げられてしまった。しかし若い女性スタッフに飲んでもらったところ、「おいしい！」とすこぶる好評である。

「私、お味噌汁ってそんなに好きじゃなかったんですが、これなら味噌臭さがなくて飲める気がする」

言われて気がついた。なるほど梅干しには味噌汁の味噌臭さを消す効果があるのかもしれない。さっぱりするとは思っていたが、それはつまり、味噌の甘ったるさが消えるせいなのだ。私自身は味噌の味が嫌いなわけではないけれど、たしかにもったりとした重さがなくなって、飲みやすくなる。

酸味の科学的効果について解説するほどの教養はないが、概して私は酸っぱい味が好きである。私に限らず、女性はたいてい酸っぱいものが好きなのではないか。そう発言したら、我が秘書アヤヤに、

「私は酸っぱいの、苦手です」

きっぱり否定されてしまった。あら、そうですか。

「ちなみに母も、苦手です」

まあ、そうでしたか。

では一般論はさておいて、私の個人的酸っぱい好きの例をいくつか挙げてみることにしよう。

まずミカンは、黄色く甘く熟したものよりも、緑色をした走りの頃のミカンが好みである。焼酎《しょうちゅう》を飲むときはたいてい、くだんの梅干しを入れるか、あるいはすだちやゆず、ライムなどの柑橘《かんきつ》類を搾《しぼ》り込む。中華料理の炒飯や焼きそば、炒め物には必ず酢をたっぷりかけて食べるし、酸辣湯《スーラータン》を注文すると、だいたい「酢が足りない」と思って上から酢を足す。とんかつ、牛カツ、チキンカツ、ミラノ風カツレツのたぐいにレモンをかけるのは常のこと（一度、ニューヨークのイタリアンレストランにてミラ

ヨノ風カツレツを頼んだら、レモンが添えられていなかった。追加注文したが聞き入れてもらえず、脂汗《あぶらあせ》を流しつつ巨大なカツと格闘した苦い思い出がある。あの店には二度と行かないぞ）、キムチや日本の漬け物類も、浅漬けよりは少々漬かり過ぎて酸っぱくなったもののほうが好きである。

あるとき、ヨーロッパ旅行から帰ってきて、自宅で一人、冷えたご飯と漬け物、ソーセージ、塩昆布、すだち酢と醬油《しょうゆ》をかけた冷や奴《やっこ》を食し、さらに残り物の味噌汁をすするうち、みるみる旅の疲れが身体《からだ》から抜けていき、なんともいえない安堵感《あんどかん》に包まれた。いったいこのホッとした気持はどこから生まれたのであろう。

そうか、酸味だ。

どんなにおいしいフランス料理に舌鼓を打っても、二日三日、一週間とその手のコメシが続くと、しだいに胃が疲れてくる。そんな疲れた胃袋に、拙宅の粗末な食事は何よりの消化剤である。西欧料理にはなぜか、この手の酸味や発酵味は少ないように思われる。あったとして生野菜にかけるビネガーか、あるいは生牡蠣《がき》に搾るレモン程度。酸味よりむしろオイルやバターやクリーム味の印象が強い。もちろんチーズやヨーグルトなど、発酵食品がないわけではないけれど、口に入れたとたん、「ううう」っと顎《あご》に梅干し皺《じわ》が寄るほどの酸味ではない。その名を聞いただけで口の中に唾液《だえき》が充満するほどの強烈な酸味を持つ食品は、さほどないように思う。

まあ、そこまで酸っぱくなくてもいいのですけれど、一回の食事のどこか一つに酸味を感じる食べ物がないと、日本人の私としては、どうも元気が出ないのである。

「じゃ、酢の物もお好きなんですね」

酸っぱいの苦手なアヤヤに聞かれて愕然とした。そういえば、酢の物にはさほど執着はない。和食屋に入って積極的に酢の物を注文したこともない。なぜだろう。「酢の物」の酸味と、私の好きな酸味には微妙なズレがあるのだろうか。甘み加減かしら。不思議だ。

究極の選択

友人三人で某ホテルのカフェに入ったら、「いらっしゃいませ」と迎えてくれたウエイトレスのおねえちゃんの感じの良さに驚愕した。席への案内の仕方、わざとらしくない愛らしい笑顔、大きな荷物を「どうぞこちらへ」と、すかさず予備椅子《いす》を抱えてきて薦めてくれる機転の利《き》き具合、客が用を求めていることを察知する素早さ……。あらゆる場面において、すぐれた対応ぶりである。それも、私たちを担当してくれた彼女一人だけでなく、そのカフェのスタッフの誰もが、同種の能力と雰囲気を持ち合わせているように見受けられた。

「なんて気持のいい店だろう」

「こういう人に接客されると、それだけで一日が楽しくなりそうな予感がするね」

一同、こぞって褒め称《たた》えた。

さて、大いに気分を良くした我々はメニューを広げ、それぞれに好みの料理を注文した。スパゲティボンゴレ、クラブハウスサンドイッチ、海老《えび》ピラフ。ランチであるから一人一皿と、飲み物としてコーヒーや紅茶も追加する。

運ばれてきた皿に目を落としつつ、フォークやスプーンを握っていざ料理を口に運んで、また驚いた。

「ううう……」

「どう？　そのボンゴレ」

「そっちのピラフは？」

「交換しようか」

「じゃ、私のサンドイッチも一切れ、どうぞ」

すべての皿をぐるぐる回して試食をした結果、いずれも「ううう……？」

食事を済ませ、レジにてまたもや愛らしい笑顔に見送られ、こちらもにっこり会釈《えしゃく》をし、店を離れた途端、私は同行の友に尋ねた。

「料理は素晴らしくおいしいんだけど、ものすごく感じの悪い店と、めちゃくちゃにまずいけど、とても感じの良い店と、あなたはどっちを選びますか？」

友人はしばし首を傾げて笑った末に、きっぱり答えた。

「前者」

今一人の友人にも答えを促すと、「僕も前者ですね。どんなに感じが良くても、まずいのは厭《いや》だな」と言う。

「アガワは?」

そう聞かれて私は迷う。さてどちらがいいだろう。たしかにまずいとわかっている店に入る気はしないだろう。しかし、いくらおいしくても、どれほど世間の評判が高くとも、店の雰囲気や店員の態度が芳《かんば》しくない店に、行きたくはない。

ずっと昔、旅先で入った居酒屋にてそのことを確信した経験がある。その土地に不案内だったので、地元の人に「どこかこの近くにおいしいお薦めの店はありますか?」と尋ねた末に訪れた居酒屋だった。料理とともに、マスターも名物の店らしい。カウンターに座るとそばにビニール袋がぶら下がっている。何に使うのかと思いきや、注文した料理を食べ残したら持ち帰るためのビニール袋だというのだ。

「へえ、面白い趣向だね。たしかにもったいないもんね」

自分で注文をしておきながら残して帰るとは不届きだ。頼んだからにはちゃんと責任を取りなさい。カウンターの奥にいる威勢の良さそうなマスターの怒号が店内に響きわたる。

「ほら、帰るなら持って帰れ。肉じゃが、残してるぞ」

叱《しか》られることに慣れているのか、楽しんでいるのか、たいがいの客は苦笑いしながらもマスターの言うことに従って、ビニール袋に料理を詰め込み、手にぶら下げて席を立つ。私も、一緒に旅をしていた仲間としばし料理と酒を楽しんだ後、さて帰ろうかと腰を上げかけたとき、

「おい、残してないか？　残してたら持って帰れよ」

マスターがこちらを振り返った。

「はい。残してません。あ、鶏の唐揚げ一個、残ってました。これ、持って帰ります」

まるで厳しい先生の前に立つ生徒になった気分でマスターに笑いかけ、友達が代金を払おうとしたところ、そこがよくわからないのだけれど、どうも計算の仕方に誤解が生じたらしい。突然、マスターが同行の会計担当を怒鳴りつけたのだ。

「ふざけんな！　二度と来るな！」

何が起こったのかと思った。結果的にはマスターの勘違いで、こちらに非はなかったのだが、そのときのマスターの怒鳴り声が私の耳に焼きついた。

以来、駄目なのである。怖い店主のいる店が、どうも苦手である。ときどき客相手ではないけれど、厨房《ちゅうぼう》から弟子を怒鳴り散らす声の聞こえてくる店

がある。それを常のことと思って聞き流している客もたくさんいるらしい。弟子を怒鳴るほどに気を入れて料理を作っている証拠だ。だからこそこの店は旨《うま》いんだよ。そう解釈する手もあるだろう。でも私としては、怒鳴り声を聞きながらでは、どんなにおいしい料理もおいしくなくなってしまう。心臓がドキドキして、胃袋の筋肉にも負荷がかかる。それはもしかして、短気な父がいつ怒鳴り出すかわからぬ恐怖におびえて晩ご飯を食べていた幼い頃の記憶が蘇《よみがえ》るからかもしれない。

「で、結局、どっちがいいの？」

そうねえ。抜きん出ておいしくなくても、やっぱり優しくて、でも毅然《きぜん》とした対応をしてくれる店のほうが、私は好きかなあ。

朝シャン昼シャン　夜シャンシャン

浜松に招かれた。

地元でワインバーを経営している若いソムリエ氏からの依頼で、その店の開店十周年記念パーティで賑《にぎ》やかしに話をしてほしいという。……なんて、そんな基本的な事情を理解する以前に、

「おいしいワインとご飯をごちそうします」

魅力的な言葉が耳に飛び込んで、加えて常日頃より恩義のあるワイン通の紳士から「僕も同行するんだけど、浜松はおいしいよ」という囁《ささや》きもあり、「はい、行きます！」と二つ返事で引き受けた。しかしまさか、ここまでの豪勢なおもてなしを受けることになろうとは想像していなかった。

なにしろ、行きの新幹線から「豪勢」は始まったのである。浜松の若いソムリエ氏がわざわざ東京駅まで我々客人を迎えにきてくださり（いえいえ、前日に東京で仕事

があったついでです、との本人の弁だったが）、一同揃《そろ》って座席に着くや、ソムリエ君がなにやらゴソゴソ手元の手提げ袋から取り出しましたるは、ギンギンに冷えたシャンパン一本と、人数分のフルートグラスではないか。紙コップでもプラスチックカップでもない、れっきとしたガラスのグラスである。

「では、まずは朝シャンで乾杯！　よろしくお願いします」

「朝シャンっていうんですか？」

なるほど時計を見ればまだ昼前だ。

「はい、これがまことの朝シャン。朝のシャンパンは、ことのほか喉《のど》にしみます」

まるでオリエント急行のバーにいるみたいだ。まもなく車掌さんが車内検札にやってきた。すでにいい心地になっていた私は、「どうも～」と車掌さんに向けてグラスを挙げたが、無視された。

ほろ酔い気分で、鰻《うなぎ》の香り漂う浜松駅に降り、車で三十分。たどり着いたところは、しだれ梅の園である。あれ？　たしかお昼ご飯は浜松名物、鰻と聞いていたが……。

さては鰻の前の梅見散歩か。粋《いき》なしつらえだ。朝シャン酔い覚ましにはぴったりだと納得し、名残の梅の香りに興じながら梅林を抜けて斜面を登ると、突き当たりにテーブルがセットされている。卓上に並んでいるのは、もしかして鰻重ではないか。

「え、まさか？」

「ささ、どうぞお座りください。この梅園の主が古い知り合いで、特別に場所を提供してくださいました」

鰻は地元有名店からの出前だという。そしてまたそこで、ドンペリのボトルが現れる。

ひええ、今度は昼シャン⁉

グラスのそばにヒラヒラ舞い散るピンクの花びらの愛らしさ。そよ風とともに鼻をくすぐる甘い梅の香り。深呼吸をしながら、シュワシュワシャンパンのグラスを陽の光にかざす。梅に混じってときどき香る山椒《さんしょう》と鰻の匂《にお》い。このアンニュイなるひととき、贅沢《ぜいたく》な光景……。なにかを思い出すと思ったら、かつて見たルノワールの「舟遊びをする人々の昼食」という絵にそっくりだ。料理や場所の設定は違えども、昔の人の優雅な昼食風景を想像させられる。

「いやあ、こんな贅沢していいんでしょうか」

恐縮しつつ、シャンパングラスを差し出しておかわりを求めているアガワは大丈夫か。

しかし、浜松の宴はまだ始まったばかりであった。その後、いったんホテルに入室し、浜名湖を見下ろすガラス張りのお風呂《ふろ》で身を清めたあと、いよいよパーティ会場へ移った。朝昼シャンパンの勢いと感謝の気持も手伝って、求められる以上の駄弁を弄《ろう》した末、もちろん夜シャンパンとワインを数種類に料理も一通りいただいて、会場を出たのは夜の十時すぎである。

「さて、ここからが本番です。打ち上げにお席をご用意しております」

もてなしの神様ソムリエに促されて赴いた最後の宴は、ホテルの最上階にあるフレンチレストランであった。

「まあステキ。でももうこれ以上、お酒もお料理もいただけません。どうか少なめに！」

眉《まゆ》をへの字にして極力辞退の姿勢を示しながらも、目の前に運ばれたジャックセロスのグラン クリュ、ブラン ド ブラン（たいそう珍しいシャンパンらしい）のシュワシュワを一口、そしてこのシュワシュワによく合う白いブラマンジェのようなトマトの前菜を一匙《さじ》。たちまちシアワセの笑みが口の周辺三六〇度に広がった。しかしまあ、おいしいものは不思議とお腹に入るものだ。まるでモーセの十戒のごとく、満腹の海をカパリと二つに割って隙間《すきま》にスルスル入り込んでくる。

続いて登場した「じゃがいものポタージュスープ七十八℃とグリーンピースのスー

プ五℃・冷と温」という名の二層スープの絶品ぶりには更に感動し、隣の客人が「さすがにもう入らない！」と放棄したスープの残りを、もったいないから私が飲み干して差し上げた。モーセの威力。

こうして深夜にフレンチをフルコース平らげて、翌日の昼は浜名湖畔にある魚料理の割烹《かっぽう》で、「締めくくりはスッポン鍋でいかがでしょうか」

ここでまた若ソムリエが手提げ袋からゴソゴソと、取り出しましたるはシャンパンである。ここまでくると驚くというより、もはや慣れてきたぞ。これがまたスッポンのぷるぷるコラーゲンにぴったり合うから困る。その晩、私は自宅へ戻り、おかゆを一杯食べて寝た。

おやつの教訓

辰巳《たつみ》浜子《はまこ》さんの料理本を読んでいたら、「手作りのお八《や》つを食べさせている家庭からは非行の子供は出ないとか、聞いております」(『娘につたえる私の味』より)という一文があった。へええ。我が身と重ねてみるに、私には、そもそも「お八つ」という概念がなかったことを思い出す。

我が家に「おやつ」すなわち、「お三時」が存在しないことに気づいたのは、幼稚園の遠足の帰りの電車のなかであったのをはっきり覚えている。友達数人が、席に座る先生のそばへ寄っていって、甘えたりお喋《しゃべ》りしたりしていたとき、ふと誰かが「ねえねえ、先生、うちのお三時はねえ……」と語り出した。すると他の子どもが得意そうに、「先生、先生、うちのお三時はねえ……」と負けずに主張する。そんな話題で盛り上がっている間、私だけ会話に参加できなかったのである。

「お三時って、なんだ?」

聞き慣れぬその単語に首を傾げ、しかし誰もがどうやら当然のように知っているらしき様子を察知して、寂しい気持になった記憶がある。

まもなくそれは、どこの家庭でも午後の三時にお菓子を食べる習慣だと知って驚いた。さらに驚いたのは、家庭によっては「お十時」というものも存在すると知ったときである。

えっ！　一日に二回もお菓子を食べる時間があるの？

そういえば幼稚園ではお昼ご飯を食べたあと、ときどき「お紅茶の時間」がある。紅茶とABCビスケットを食べるひとときだ。なるほど、ああいうティータイムを「お三時」というのかと理解した。どうでもいいが、あのABCビスケットは衝撃的だった。なんたって英語の文字がビスケットになっているのである。なんとお洒落なことか。しかもおいしい。アルファベットをちゃんと読めたはずはないのだが、配られるビスケットの中に、できれば私の名前の「A」と「S」が入っていてほしいと願ったものである。その文字を手で握り、紅茶に少しだけ浸して食べるとさらにおいしくて、たいそう贅沢な気持になった。

だからといって、私の家が甘いものを食べられないほど貧乏だったとか、家の中でお菓子やケーキをいっさい禁じられていたとか、そういうわけではない。到来物や買ってきたケーキは、喜んで食べていた。ただ、甘味ものを食べる時間がその都度の事情によって異なるので、毎日決まって三時に食べるなどという儀式は我が家に存在しなかったのである。

なぜかと聞かれてもわからない。そもそも物書きであった父の生活が不規則で、子どもの都合を中心に回っていなかったせいもあるのだろうか。とにかくおやつの時間がないのだから、当然、おやつに当てるお菓子は常備されておらず、子どもとしてはそのことに何の疑問も抱いていなかった。

ところがあるとき、それは中学生になってからのことなのだが、友達の家へ遊びに行ったら、棚の中から続々と、おせんべいやらスナック菓子やらが現れて、瞬《また》く間にテーブルの上の大皿に山積みになった。だいたい彼女の家には「お菓子の缶」というものがあり、そこには常になにかしらのお菓子類が入っていることになっていたらしい。別の日に、その友達の家に行くと、彼女がその缶を抱えて蓋《ふた》をあけたが、

「やだ、お母さんったら。何にも入ってないじゃない」

守るべき日課を母親がサボっていると言わんばかりの文句のつけようだった。ほおーと私は驚いた。そうか、普通の家ではこういう缶にお母さんがいつもお菓子を買ってきて詰め込んでおくものなのか。

そういうわけで、私には「おやつ」という意識が欠落している。よって、今でも間食をさほど必要としない。そういう習慣を人生において積み重ねてこなかったせいか、食事と食事の間にお腹《なか》が空《す》いた場合でも、スナック菓子のたぐいで空腹を満たしたいという欲求があまり湧《わ》かない。むしろ甘いものは食事のあとにいただきたいと思う。

「じゃ、アガワさんはおやつを食べた経験がないんですか？」

秘書アヤヤに問われてみれば、一度だけ、あったのを思い出した。

小学六年生のとき、私は私立中学を目指して受験勉強に明け暮れていた。なんだか暗い日々だった。あーあ、つらいなあ。でも一応、夜遅くまで勉強しなければいけないという義務意識だけはある。なにか心をなぐさめてくれるものはないかしら。と、あるとき思いついたのが、夜十一時頃、勉強の目処《めど》をある程度つけた段階で、自ら「ティータイム」を設定することだった。当時、ウチにはなぜかバームクーヘンの頂き物が続いていた。私は静まり返った台所でお湯を沸かし、紅茶を淹《い》れて、バームクーヘンの塊に包丁を入れる。

「では、いただきまーす」

一人で宣言し、バームクーヘンを一口、熱い紅茶をすすり、しばしホッとする。

そんな生活をしばらく続けていたら、どんどん体重が増していった。そして、受験に苦しんで痩《や》せるはずの時期に、「なんでそんなにプクプクしてるの？」と親や友達に笑われた。

手作りでもなく三時でもない「お八つ」を食べた子どもは、たとえ非行に走らなくとも、太る恐れはあるんだぞ。

水分補給米

ゴルフコンペの賞品にお米三キロをいただいた。千葉の多古米《たこまい》である。持ち帰り、さっそくその晩、炊《た》いたところ、なんとピカピカムチムチと、おいしいのであろう。驚いた。やはりお米は新鮮に限るのか。

贅沢な話なので申し上げにくい気もするが、実は我が家にはお米がけっこう貯《た》まっている。今ここで災害が起きて家に閉じ込められたとしても、水とガスの供給さえ止まらなければ、しばらくは食べ繋《つな》ぐことができるであろうと思うほどの備蓄状況である。好景気時代が去り、質実に生きていこうという機運が高まるにつれ、贈答品の内容に微妙な変化が表れた。すなわち、洒落たお菓子や当世話題の新製品よりも、米、海苔《のり》、茶など、食卓の基本系食品を、お中元やお歳暮にいただくことが多くなったのである。もちろん私は、そういう実質的な到来物が大好きである。何度いただいても、うれしい。いただかなくても店先で、あるいは旅先で、その手の食料品のおいしそうな姿や香りに出くわすと、ウチにあるとわかっていてもつい、自ら率先して買ってしまうほどだ。だがしかし、なんといっても一人暮らしの身の上である。そうそう消費できるものではない。でもしかし、少し日にちが経《た》ったとて、その手の食料を軽々に捨てることは断固としてできない。そういう世代に育った。世代のせいではないかもしれないが、とにかく私には捨てられない。その結果、どういうことが起きるかといえば、すなわち我が家には、古米、古々米、古古古古米が、わりにあるんですね。ついでに湿気た海苔、古くなった新茶なども、わりにたくさん、残っているわけですね。少々湿気た海苔は佃煮《つくだに》にすればおいしくいただける。そう思い立ち、酒とみりんを加えて古い海苔を煮込み、できた佃煮をガラス瓶に入れて冷蔵庫に納めたが、今度はそれを消費するのがひと苦労となった。必死で食べて、そのうち、飽きた。気がついたらカビが生えていた。すみませんね、海苔ちゃん。

お茶もしかり。上等な緑茶も煎《い》ればほうじ茶となる。そう思いつき、フライパンでじっくり煎ったけれど、その労力に比して、古いお茶はなかなか減らない。煎るのに疲れた。で、お茶を再び棚に戻した。カビは生えないが、香りは日に日に飛んでいく。

さて米である。新たな米が到来すると、うわ、うれしい！　と思ったその直後、まず古いお米から食べなければと心が騒ぐ。まだ開封していない新米はとりあえずさておいて、古い順に消化しようと決心する。だから私はいつまで経っても新しい米を食べられない。

そしてこのたび、おいしいと評判の多古米の袋を持ち帰り、私の心は千々《ちぢ》に乱れた。どうしよう、古いお米から食べなきゃ。でも新しいお米を食べたい。開封するか、するまいか。おお、神よ。この迷える子羊に力を与えたまえ。そしていよいよ決断し、勇気をふるっていただいたばかりの多古米の封を切り、丁寧に研いで、いつものように文化鍋《なべ》で炊いたところ、やっぱりおいしいじゃないですか。参ったね。

しかし、こんなことで古い仲間を置き去りにするような、私はそんな冷たい女ではない。なんとか古い米をおいしく食べる方法はないものか。それは私の長年の課題である。

まず炊いた白米をそのまま食べても味が落ちているだろうからと、炒飯《チャーハン》にして食べるのは常のことだ。古い米はすなわち水分が抜けている。普通に炊いても、米粒にモチモチ感が出ない。だから逆にそのパサパサ具合を利用して、炒飯やインド風シャバシャバカレー用に食すればよいと思ったのである。実際、炊いた直後はなにも問題がないように見える。が、翌日になると一気にパサパサ度が増す。しかしそれを油で炒《いた》めたり、お粥《かゆ》にしたり、リゾットに変化させればじゅうぶんにイケる。文句を言う亭主も子どももいない独り身は、こういうとき気楽である。大丈夫、食べられるよねえ、サワコ。あら、ホントね、サワコちゃん、おいしいわよねえ。

そんなふうにして古い米をなんとか加工して食べてきたのだが、先日、ふと、気づいた。

つまり古い米には水分が足りない。ということは、水分を多くして炊けばいいということなのではないのか。試しに私は、三合の古々米に、通常、カップ三杯半の水を加えて炊くところ、そのほぼ倍量のカップ六杯の水を入れて炊いてみた。するとこれが、予想外の成功をもたらした。もちろん新米ほどの香りには欠けるけれど、柔らかさやモチモチ感は、かなり蘇り、時間が経ってもパサパサにはならない。おにぎりを作ろうと手のひらの中でギュッと握ればしっかり吸着する。以前のパサパサ古米だと、パサパサのあまり、まとまってくれないことがままあった。

そうか、お米も人間の肌と同じなのだな。生まれたての赤ちゃんの、何もぬらなくてもどうしてこんなにモチモチしているのかと思うほどの潤《うるお》いある肌と比して、年を重ねたオバサンの肌は、ちょっと手入れをサボると、あっという間にカサコソざらざらしてくる。美容コンサルタントの言葉が甦《よみがえ》る。

「えー、そんなに化粧水、使うんですか？」

「そうです、まだまだ。たっぷりたっぷり、肌の芯《しん》まで浸透させなきゃ、潤いは戻ってこないのですよ」

たちまち古い米に親近感が湧いた。多少、味は落ちても、やはり古々米、古古古古米を大事にしよう。水をふんだんに注ぎ込み、せめてもの潤いを取り戻してあげよう。古々米を甦らせることは、すなわち、我が身の明日への勇気につながるのであった。

食べてますラー油

最近、「食べるラー油」なるものが流行《はや》っているという。へえ、そうなの？　と、友達と話していた矢先、芝居を観《み》に行ったら、劇場のロビーでラー油が売られていた。なぜ、芝居小屋でラー油を売っているのか。いくら入念にプログラムを繰《く》っても舞台を凝視しても、芝居のなかにはラー油のラの字も登場しない。もしかすると芝居の制作関係者のご実家がラー油製造元とか、そういうことかもしれないと思ったが、結局、たしかな理由は判明せぬまま。なんとなく売り場あたりをウリウリしたところ、「おいしいらしいよ、これ」、「そうそう、おいしいんだってね」というひそひそ声が聞こえてきたので、帰り際《ぎわ》につい、買った。

持ち帰り、さて楽しみだ、いただきましょうという勢いもなく、そのまましばらく冷蔵庫に保管していたら、今度は仕事で京都へ行くことになった。

「京都に行くんだ！」

たまたま話した相手から、

「それなら是非、京都のホテルの売店で『食べるラー油』を買っておいでよ。大人気で、午前中に売り切れるくらいなの」

味にうるさい京都人が率先して買いたくなるほどのラー油とは、はたしてどんな味だろう。買うのは京都人ばかりではないと思うが、旅人とて、「わざわざ京都でラー油ですか？」と首を傾げつつ、そんなに評判が高いのにはなにかしらの理由があるだろうと興味をそそられる。まあ、時間があったら買ってみようかと、それぐらいの気持だったのだが、その話を同行の女性誌編集者にしたら、「それは是非、買ってみましょうよ」と身を乗り出されて、つい、それも購入。

「そんなわけで京都でラー油を買ってきた」

別の仕事場でヘアメイクのマイちゃんに話したら、

「あ、ウチにはそのブームの火付け役となった○○屋のラー油があるんです。今や、なかなか手に入らない逸品なんですよ」

「じゃ、その元祖と京都のラー油と少しずつ交換しようか」

「そうしよう、そうしよう」

交渉は瞬く間に成立し、後日、互いにジャム用小瓶に詰めたラー油を持ち寄って、交換の儀を果たした。

なんだかわらしべ長者の気分である。ちょいと話題にすると、まもなく手元に届く。いつのまにか冷蔵庫の棚には、異なる種類の「食べるラー油」が三つ、並んでいる。

この三つの違いはどこにあるでしょうか。

まず、この「食べるラー油」をよく見ると、赤い透明なラー油の下にたっぷりの沈殿物がある。これがどうやらミソらしい。瓶の外側に「スプーンでよく混ぜ、具材とともにお召し上がりください」と記されている。私は瓶の蓋を取り、さっそくスプーンでぐるんぐるんとかき混ぜる。と、たちまちラー油と沈殿物がジャリジャリという音とともに合体する。この光景、何かを思い出すと考えて、ふと、潮干《しおひ》狩《が》りの絵が浮かんだ。貝を探してスコップで海岸の砂を掘る。するとたちまち掘った穴に海水がたまり、そこでまた急いで穴を掘る。また海水がたまる。サッサカ、ジャリジャリ、サッサカ、ジャリジャリ。潮干狩りって、こんな感触だったなあ。

ラー油の話であった。この下に沈むものは何かといえば、二種（最後にマイちゃんからいただいた『元祖もの』はジャム瓶に入っているので説明書きがない）のラー油のラベルを読むと、一方は、「食用油、干しエビ、エシャロット、ニンニク、唐辛子、チキンパウダー、砂糖、食塩……」、もう一つは「食用なたね油、唐辛子、ニンニク、に玉ネギ、ホタテ、塩……」などとなっている。そして我が舌で判断するに、ラー油に乾燥玉ネギや干した海産物、コンソメの素を加えて混ぜたような、そんな味である。それら沈殿物一粒一粒の大きさは、『元祖』がもっとも粗く、『芝居小屋もの』が中間、そして『京都もの』がもっとも細かく切り刻まれていた。

だからどうしたかって？　そうなのね。これをどういうふうにして食べるといちばんおいしく食べられるのか、そこが今ひとつ、わからない。ちまたの噂《うわさ》によると、この「食べるラー油」をアツアツご飯の上に載せるだけで「何杯でもおかわりしたくなる」そうなので、さっそく実践に移す。たしかにおいしいような気はする。が、つまりはラー油だけをおかずにご飯を食べているような、少々うら寂しい、わびしい気分も同時にわき上がる。

そうこうしていたら宅配便が届き、知り合いの料理研究家から、「おいしいから食べてみてください」と、石垣島の「食べるラー油」が届いた。なんだなんだ。私はもしかして「食べるラー油」を呼び集める超能力があるのか。そして、この『石垣島もの』こそが、「元祖・食べるラー油なのであります」との情報も届く。開封して舐《な》めてみる。うーん、四種のなかではこれが最も沈殿物が少なくて、普通のラー油に近い。これは「食べる」というより調味料とお見受けするが、どうなの？

こうして私は今、「食べるラー油」に囲まれたなかで生きている。このラー油をどのように活用しようかしら。呻吟《しんぎん》しつつ、とりあえず四つの瓶をテーブルに並べ、それぞれの蓋を取り、スプーンでジャリジャリとかき混ぜて、一口ずつ、舐める。舐めて、辛さに二つ、三つの咳《せき》をして、「うーん、どうかねえ」とうなり、また一つ、咳をする。

食べる顔

初めてテレビのレポーターという仕事をしたとき、私の食事シーンを観た知人から指摘された。

「あなたはモノを食べるとき、まず舌が出て、舌が料理を迎えにいくんですね」

え、そうですか？　そんな意識はなかった。驚いて、自分の映っている映像を見直してみたところ、なるほどフォークで料理をすくい、顔を近づけると、同時に私の口の中からにょろりと舌が伸びてくる。やだ、こんな食べ方をしていたのか。

いや、別に悪いと言っているのではありませんと、私の舌出しを指摘した人は言い足した。舌が先に出てくるのは食いしん坊の証拠です。はあ、どうも。照れ笑いで応《こた》えたが、やはり心のどこかで恥じ入った。本当は、ああいう食べ方は品がないからおやめなさいと、暗に忠告してくださったに違いない。

それから二十年以上が経ち、あるとき私は再び自分の食べる姿を映像で見た。相変わらず舌が出ているだろうか。ところが予想に反して舌は口の中から伸びてこなかった。かわりにもっと情けない現実を目の当《ま》たりにした。食べ物を口に入れようとすぼめた拍子に唇周辺にたくさんのシワが寄ったのである。ことのほか、上唇の上の部分にである。

あ、そうだったの？　と、そこで皆さん、確認しないでください。気づかなかったけど、本当にシワシワねなんて、同情に満ちた笑みを浮かべないでください。ならば告白しなければいいものを、しかし自覚があることだけはお伝えしたい。陰でヒソヒソ囁《ささや》かれるよりマシであろう。

関係ないが、この間、タクシーに乗ったら運転手さんがバックミラーで私を確認し、

「もしかしてアガワさん？　僕、ずっと昔からファンなんです」

ふふふ。悪い気はしない。

「実物はおきれいなんですねえ。今、手を挙げて拾う姿を見たとき、二十代の女性かと思ったくらい」

いやはや、まいったね。チップはいくらにしようかと頭で勘定する。

「昔から観てますよ。正直なところ、十年くらい前から『フケたなあ〜』って思ってたんですけど、実物はきれいですねえ」

財布をさぐる手が止まる。うれしさ半分、寂しさ半分。そのとき改めて思った。テレビは出演者が望む以上の事実を映し出す。外見だけでなく、ときに画面に映る人間の内面までも露《あら》わにする。そのことを忘れ、ふと本性を表したとき、視聴者は敏感に察知する。ささいな仕草も見逃すことはない。ことに食べるという行為は人を油断させる。人間の本質が出やすい瞬間ではないだろうか。

かつて野坂昭如《あきゆき》さんがおっしゃった言葉を思い出す。何度か食事をご一緒した。野坂さんに誘われて、おいしい料亭に足を運んだこともある。それなのに、料理が並ぶと野坂氏は、杯を上げるだけでちっとも箸《はし》を動かそうとなさらない。

「召し上がらないんですか？」

心配して尋ねると、野坂さんがぼそっと呟《つぶや》いた。

「人前で食べる姿を見せるのは、裸になるよりよほど恥ずかしいことです」

それまでさんざん野坂さんの前で、あら、おいしい、うわ、新鮮、と狂喜乱舞しつつ食していた私は急激に恥ずかしくなった。そうか、私は野坂さんの前で裸になっていたのか。

以来、私も人前で食事をしないようになったわけではない。相変わらず食べて飲んで騒いでいる。が、ときどきふと、自分はどういう表情で食べ物に向かっているかと不安になる。そして人が食べる様子を観察する。

「くちゃくちゃ音を立てながら食べるのはやめなさい」と子どもの頃にたたき込まれたので、それだけはするまいと思っていたら、一度、お見合い相手にそういう人が現れた。言おうかな、言えないよねえ。言えばその人は気がついてその癖を直すかもしれない。でも指摘しても直らないかもしれない。離婚の原因を「くちゃくちゃ食べるところが厭《いや》だった」と言ったとて、誰も同情してくれないだろう。思い詰めた末、そのお見合いをお断りした。この判断は、どうだったんでしょうね。

食事の際はくちゃくちゃ言わせないのに、チューインガムを食べ始めると、急にくちゃくちゃと、口の中で移動するガムを見せながら噛《か》む友がいる。「やめなさいよ！」と叱ったが、いまだにその癖は直らない。ああいう食べ方をしたほうがチューインガムはおいしいのか。わからない。

食べたあと、ペロッと舌が出て、唇を舐めるオトコがいた。長い時間ではない。ごく短時間、ペロッと出る。そういえば私も子どもの頃、何かを食べたあとにすぐ舌なめずりをすると母に笑われたことがある。あれと同じと思えば可愛《かわい》いものだ。最初はそう理解したが、長時間、目の前で何度もペロペロをやられたら、なんだかトカゲと食事をしているような気分になった。

先年亡《な》くなった岸田今日子さんは、インタビュアーの私の質問に応えつつ、同時に淡々と食事をされた。箸を止めることなくずっと召し上がり続けているにもかかわらず、召し上がっていることが一つもインタビューを阻害しなかった。決してお若い年頃ではなかったが、唇のまわりのシワが気になった覚えもない。おいしそうに淡々と、しかも美しく食事をなさる希有《けう》な方だった。

ラクダのつま先

「好き嫌いはありますか？」と聞かれるたびに、五秒ほど逡巡《しゅんじゅん》する。基本的に好き嫌いがない。だから「ありません」と応えればいいのだが、それではちょっと味気ない。そこで自問する。

はたして私は本当に嫌いなものがなかったか。そして思い出すのが、「ラクダのつま先」の味である。

だいぶ昔に内モンゴルを旅した。モンゴルは、どこへ行っても羊がごちそうだ。最上級のもてなしは、子羊の丸焼きである。塩味のついた外はカリカリ、中はジューシーな、それはおいしい羊肉を、強い蒸留酒とともにいただく。感動する。臭みなどぜんぜんない。さすがに新鮮だ。たらふく食べて、ごちそうさまでしたと暇《いとま》を告げ、次の目的地へ向かう。そして出てくるのは羊肉と野菜の炒め物に羊肉の餃子、羊肉のしゃぶしゃぶ、羊肉の煮込み、羊肉のスープ……。どこへ行っても何日経っても、羊肉三昧《ざんまい》である。私は羊肉が大好きだったので閉口することはなかったが、ただこう毎日、明けても暮れても羊肉ばかり食べていると、だんだん自分の筋肉も羊肉になっていくようで、そのうちコーラを飲んでも飴《あめ》を舐めても羊の匂いがし始めた。コーラに羊が入っているわけはない。たぶん身体《からだ》の内外が羊の匂いに覆《おお》われてしまったのだろう。

で、私の苦手な食べ物が羊肉になったという、そういう話ではない。

その旅にてあるレストランへ赴いた折、前菜に薄切りのソーセージのようなものが供されたのだ。

「あら、おいしそう」

きっと羊肉だろう。そう思って口に入れた途端、なんとも言えない野性味溢《あふ》れる匂いが口と鼻を突き刺した。なんですか、これ？　尋ねると、

「それはラクダのつま先です」

ギョ。おそらくそれは、フカヒレとかスッポンとかと同様のコラーゲンのたくさん詰まった珍味なのだろう。が、私には何とも克服しがたい味であった。

そのとき決めた。もう二度と食べたくないと思うものはなにかと問われたら、「ラクダのつま先」と応えよう。

「苦手なのは、ラクダのつま先です」

たいていの人は笑う。日本でラクダのつま先を食べる場面はそうそう訪れないからだ。しかしもし私がモンゴルの人間で、モンゴルの友達にそう告白したら驚かれるかもしれない。

「なに、ラクダのつま先が嫌いなの？　もったいない。こんなにおいしいのに……」

人にはどうしても克服できない味が一つや二つはあると思う。しかし他人の克服できない食べ物が、自分にとって大事な味だった場合は、その人の忌《い》み嫌いぶりが納得しがたいものとなるであろう。

先日、知人と食事をしていたら、塩鮭《しおざけ》の皮を皿の端っこによけているではないか。よほど焦《こ》げているなら理解もできる。が、その皮はことのほか適度に焼き上げられ、しかもよけられた皮の内側はテラテラと輝いて、なんともいえぬおいしそうな脂《あぶら》の乗り具合である。

「皮、嫌いなんですか」

さりげなく聞いてみた。

「そうなんです」

「ああ、そうなんだ……」

その相手がごく親しい間柄なら私は即座に、「じゃ、その皮、ちょうだいよ」と箸を伸ばしたことだろう。が、そこまでの関係には至っていなかった。それでも思い切って聞いてみるか。いやいや、きっと「なんて下品なことをする人かしら？」と、厭な顔をされるだろう。躊躇《ちゅうちょ》しているうち、店の人がやってきて、

「もうよろしいですか」

私の大好物の鮭の皮は皿ごと持ち去られていった。ああ、あの皮は無残にもゴミ箱へあっさり捨てられたのだろうか。その晩はいつまでもチクチクと胸が痛んだ。

若い仲間とサラダを頼んだ。それぞれの席の前に同じサラダが並ぶ。いただきます。フォークを動かし始めたとたん、一人が山盛りの野菜の中から一生懸命、玉ネギのスライスを引っ張り上げて、端によけている。

「玉ネギ、嫌いなの？」尋ねると、

「生の玉ネギが駄目なんです。炒めたり煮たりしたものは大好きなんですよ」

言い訳をしながら丹念に、ほんの小さな一片すら見逃すまいとフォークを動かす。

ふと見ると、彼女の隣の女の子も同様のことをしているではないか。

「なに、アンタも嫌いなのか？」

今度は叱《しか》り口調になる。

「はい……。苦手です」

「わがままだねえ、君たちは」

母親になった気分で私は自分のサラダ鉢を差し出した。

「よけた玉ネギ、ぜんぶ私のサラダに載せなさい」

「えー、いいんですかあ？　ありがとうございます」

私のサラダはたちまち真っ白い雪をかぶった富士山の姿になった。

「おいしいのに。もったいないでしょ。私、玉ネギのスライスって大好きなの！」

説教を垂れつつ、私は自分の富士山サラダにフォークを突っ込む。玉ネギの塊が口に入る。いくらすくっても玉ネギがついてくる。好きとは言ったが、こんなにあると、ちょっとつらい。かなりつらい。そして、どんな好物も分量のバランスが大切だと思い知る。

試金麺《めん》

冷凍庫を覗《のぞ》くと、カチンカチンに凍った中華麺の玉が一つ出てきた。先日、ハワイに行った弟から土産にもらったものである。なぜハワイの土産が中華麺なのか。それは昔の昔、父がハワイへ行くと必ず食べにいった、ダウンタウンの中華街にある『香港粥麵店』という名の小さな店の麺である。中国人夫婦が営むその店に入ると、

「オー、アッガワーさん！」

愛想のいい奥さんがのどかな笑顔で歓待してくれる。いつ誰に教えてもらってその店に通うようになったか記憶が定かではないのだが、我が家の誰もがその店を愛し、長年にわたり、ときに家族揃って、あるいは友達と、そのうち兄や弟は妻や子供を連れて通い続けるものだから、すっかり顔を覚えられてしまった。父抜きで行っても覚えてくれていて、「オー、お父さんは元気ですか。今度はいつまでいるの？」と、まるで親戚《しんせき》の家を訪ねたようなくつろいだ気持にさせてくれる。

店で注文するメニューはいつもだいたい決まっていた。まず名物の香港風アワビのお粥。ワンタン麺。そして炒麺《チャーメン》である。この炒麺がこよなくシンプルでおいしい。具として入っているのは生姜《しょうが》と葱《ねぎ》のみ。カキ油で味付けされた焼きそばである。その素となる麺を、先日、ロスに住む弟一家が帰国する途中、「ハワイに寄ってあの店に行ったら、家族に持って帰りなさいって、いっぱいビニール袋に入れて渡してくれたんだよ」

そのお裾《すそ》分《わ》けが私にもまわってきたというわけだ。

「忘れてないとは思うけど、葱と生姜とカキ油だけだよ。余計なものは入れないほうがいいんだよ」

長らくハワイへ行っていない私のために弟が注釈つきで手渡してくれた。

「はいはい、わかっていますとも」

わかっちゃいるけど、私の冷蔵庫には今、葱と生姜の他に、ニラと椎茸《しいたけ》、それに前日ゆがいたもやしが一袋分残っている。ついでに使いたいと思っていたのは、肉味噌《みそ》だ。

到来物の味噌と合い挽《び》き肉を炒めて肉味噌を作ったら、思いの外、大量になった。瓶に詰めて母や弟に分けたが、それでもまだ残っている。これをどうしたものか。考えた末に思い立ったのが、「ジャージャー麺」である。

まず深鍋にお湯を張って麺を茹《ゆ》でる。隣でフライパンを火にかけ、胡麻《ごま》油をひき、そこへ刻んだ椎茸とニラを入れて炒め、続いて肉味噌を大さじ一杯か、二杯かな。野菜と馴染《なじ》んだら、茹で上がった麺を投入。炒めながら味を見て、火を消す直前に千切りの葱ともやしを加える。もやしと葱はシャキシャキしているほうがおいしいだろう。皿へ移し、黒酢と豆板醤《トウバンジャン》で味を調えて、香菜《シャンツァイ》を散らし、さて口へ入れたら、なんだ、私は天才か？　いや、これは麺がおいしいせいである。コシがあり、でもやわらかく、実に深い味わいだ。

「やっぱり中華麺はこの店のものに限るね」

麺をすするうち、ハワイのあの店の景色がみるみる甦ってくる。ゴム草履に短パンとTシャツで行ける気楽な雰囲気。戸外の日差し。花の香りに包まれた優しいそよ風。一歩店に足を踏み入れた途端、胃袋を刺激する中華料理店独特の魅力的な香り……。

あー、ハワイへ行きたくなってきた。

ハワイと同時にもう一つの記憶が甦った。

若い頃、ボーイフレンドの家に遊びにいくと、彼の母上が、

「お昼ご飯、焼きそばにしようと思うんだけど、佐和子さん、作ってくださる？」

突然のご指名だ。当時は拒否する勇気もないウブな私であった。「はい……」と小さく返答し、台所へ向かう。すでにニンジンや玉ネギやピーマンが適度な大きさに切られてざるに並んでいる。豚肉もある。麵もある。どうしよう。

料理をし慣れていないわけではなかったが、いわゆる焼きそばというものは作った経験が乏しい。しかし「できません」とは言えない。しかたなく私はガス台の火をつけて、中華鍋と対峙《たいじ》する。まずは肉だろうな。その次が野菜でしょう。そして麵をぶち込み、そこからが問題だ。用意されているのはソースだが、ウチでソース焼きそばを食べたことはない。入れるなら醬油《しょうゆ》だ。ま、いっか。ウチ流でいっちゃえ。麵が鍋に焦げつく。菜箸を使って剝《は》がそうとするがうまくいかない。だんだん麵がぼそぼそに短くなっていく。鍋にへばりつく麵と格闘しながら私は思った。もしやこれは、試されているのか。この家の嫁としての合否をはかられているのかもしれない。

別に婚約していたわけではない。結婚の約束をした覚えもない。それでもきっと息子のお母さんは心配なのだろう。息子が連れて来た娘がどれほどの家事能力があるのか、どれぐらい料理ができるのか、こっそりテストしようと思ったのではないか。

皿に移し、紅生姜と青のりを振りかけて、

「いただきまーす。佐和子さん、ありがとうねえ」

それから先のことは、焼きそばが喉《のど》につまって食欲が急激に落ちたことと、誰も「おいしい」と言ってくれなかったこと以外、何も覚えていない。

まもなく私はそのボーイフレンドと別れた。私の作った焼きそばが別れる決定打になったわけではないだろう。しかし、要因の十分の一ぐらいは、もしかすると焼きそばが占めていたかもしれない。そうだったかもしれないなと、焼きそばを食べるたびに思い出す。今なら上手に作ってあげられるのに。

生と缶

「ウチの息子がね」と、友達が寿司《すし》屋のカウンターで話し始めた。

「小学生の頃、初めてお寿司屋さんのカウンターに座ったの。で、『何、握りますか?』ってお店の人に聞かれたら、『シーチキン』って答えたのよ。もう母親の私は恥ずかしくて死にたくなったよお」

母親の赤面する気持はじゅうぶん理解できるけれど、「シーチキン」と答えた子どもの気持もよくわかる。

シーチキンは「はごろもフーズ」が製造販売しているマグロフレークの油漬け缶詰の登録商標名であり、一般的な名称はツナ缶だが、今の子どもにとって「ツナ」すなわち「シーチキン」ということになるのだろう。私はどちらかというと、「ツナの缶詰」と呼んでいる。

名称はさておき、私も子どもの頃にツナのマヨネーズ和《あ》えの挟まったサンドイッチを初めて食べたときの感動は忘れられない。ハムサンド、玉子サンドと並んで、ツナサンドがなかったら、どんなに寂しいだろう。その後、コンビニに「ツナマヨネーズおにぎり」が登場したときは、「おにぎりにツナマヨネーズが合うかあ?」と一瞬、眉《まゆ》をひそめたものの、食べてみたら驚く妙味。今でもコンビニでおにぎりを選ぶときはいつも迷う。梅干しか鮭か、はたまたツナマヨネーズか……。ツナマヨネーズはおにぎりの代表格の座を確実のものにしていると言えるだろう。

ニース風サラダとて同じことが言える。ちなみに本場ニースのサラダにはジャガイモが入っていない。実際に私はニースに行って「サラダ・ニソワーズ」を注文したときにジャガイモが入っていないのでがっかりした経験がある。そしてこのサラダのレシピにはたいてい、「アンチョビ、またはツナを入れる」と書かれている。どうして両方を同時に入れてはいけないのか。どちらも欠かせない味だ。そして私はいつもレシピに逆らって、両方どっさり入れる。ツナの入っていないニース風サラダなんて、クリープのないコーヒー以上に味気ない。古い喩《たと》えですみません。

だから、と続けるのはやや強引ながら、友人の息子がお寿司屋のカウンターで、本物のマグロより鰹《かつお》より、まずはシーチキンのお寿司を食べたいと思った気持はよくわかる。

シーチキンではないけれど、子どもの頃、アスパラは生より缶詰のほうが好きだった。もちろん大人になって、新鮮な生のグリーンアスパラや、最近、季節限定で登場するホワイトアスパラに出会い、それらを茹でたりバターで炒めたりして食べると、「あー、缶詰でしかアスパラを知らなかった時代が信じられない」と思うのは確かなことである。でもなお、心のどこかに缶詰アスパラへの郷愁は強く残っている。缶詰アスパラは別物だ。あのデレンとした柔らかみ。間違って上下逆に缶を開け、一本取り出そうとすると首元でちぎれて上手に出てこないときのがっかり感。不思議な水っぽさ。それらすべてを含めてアスパラの缶詰には、独特の魅力が内包されている。

本物の味を知り、それまで缶詰でしか知らなかった味との差に愕然《がくぜん》としたのは、なんと言ってもパイナップルである。たしか高校生のときだった。初めて生のパイナップルを食べ、へっ、パイナップルってこんなにおいしい果物だったのかと仰天した。缶詰のパイナップルはひたすらに甘く、そのくせやけに繊維がしっかりしていて、なんだか砂糖漬けの植物の茎を囓《かじ》っているような気分がした。そのうえ食べ終わると、缶詰の鉄の味が口に残る。ミカンの缶詰や桃の缶詰にはそういうキンキンした匂《にお》いや味はないのに、どうしてパイナップルだけ独特のきつさがあるのだろうかと不思議でならなかった。

むしろミカンは生より缶詰のほうが好きだった。なにより皮を剥《む》かなくて済むから楽ちんである。ミカンの缶詰を作っている人は偉いなあと思ったものだ。一房ずつ、あの薄皮を剥いて缶に詰めているのである。なんと根気強い人が缶詰工場で働いていることか。熱を出して寝込むと、母は必ずミカンの缶詰を食べさせてくれた。火照《ほて》った口内を冷たいミカンが通り抜ける瞬間だけは、病気が治った錯覚に陥ったものだ。

そういうわけで長らくパイナップルの缶詰には興味がなかった私だが、あるとき、雑誌で「パイナップルスフレ」の作り方を目にし、以来、パイナップルの缶詰に対する認識が変わった。もはや三十年近く昔、私がお菓子作りに燃えていた時代のことで、作り方はすっかり忘れてしまったが、そのスフレを何度も焼いて、何度となく家族や友達に喜ばれた記憶はある。アツアツふわふわの生地の間にときどき現れる缶詰パイナップルの甘酸《あまず》っぱい断片が、なんともいえぬアクセントになって、それはおいしかった。そうだ、レシピを探し出してもう一度作ってみようかな。スーパーでパイナップルの缶詰を見かけると、衝動的に思い立ち、とりあえず一缶、買って持ち帰る。が、いざ作ろうとまずはレシピ探しから始めると、どうしても見つけ出すことができず、そのうち面倒臭くなってあきらめる。パイナップルの缶詰はそのまま棚の奥に収まって、出番なきまま月日が過ぎていく。そしてあるとき棚の整理をしていて発見した。

パイナップルの缶詰が、ハンプティダンプティのような姿になっている。どうやら長く保存し過ぎて中身が発酵し、缶ごと膨らんでしまったらしい。恐る恐る缶を開け、処分したけれど、そのとき初めて知った。半永久的に保存できると信じていた缶詰にも賞味期限はあるらしいことを。

ブツブツおかわり

同じマンションに住む友達と、「いらんかえー?」ブツブツ交換をする季節がまたやってきた。お中元、お歳暮の時節になると、まことに有り難いことながら、食料品のいただきものが殺到する。が、悲しいかな一人暮らしゆえ、せっかくの到来物を鮮度の高いうちにいただき切れないことが多い。おいしそうだから誰にも分けずに全部、私が平らげよう。がめつい根性を抱いて失敗したことは数限りなくある。腐らせて処分するぐらいなら、おいしいうちに喜んでくださる人に分けて差し上げるほうが、その食べ物も思い残すことなく成仏《じょうぶつ》できるだろう。そこで、ときどきご近所さんとメールでやりとりするのである。

つい先日も、

「桃とピザはいらんかえー?」

友達からメールが届いた。そこで私も返信する。

「フルーツゼリーとクッキーとマンゴはいらんかえー？」

たちまち交渉成立。さっそく我が家にある品々を紙袋に詰め込んで、エレベーターに乗り、友の家の玄関先で先方の紙袋と交換。再びエレベーターに乗り、帰宅する。気分はわらしべ長者なり。

さて、今回、獲得した品は大物かつ珍品であった。「ピザ」と最初に聞いたとき、頭に思い浮かべたのは、すでにたっぷり具の載った冷凍品だったのだが、頂戴《ちょうだい》した箱を開けてみると、なんと直径三十センチほどの大きさの白い色をしたプレーンピザである。具はなにも載っていない。トマトもマッシュルームもバジルも載っていない。

「薄い皮の内側にチーズが入ってるから、そのままオーブンで焼いてもおいしいと思うけど」

友達の言を受け、なるほどそのまま焼いてみるのも一考かと思ったが、そこが素直でない私。白いピザの表面を見つめるうちに、加工癖の炎がむらむらと内なる心に燃え上がってきた。すっくと立ち上がり冷蔵庫を開けると、タイミングのいいことに、トマトと玉ネギが目に入る。へたりかけた香菜もある。私の持ち物にしては珍しく、新鮮ぴんぴんロースハムもある。目を上げれば扉の棚にはアンチョビの瓶と、ずいぶん昔に買ったドライトマトもあるではないか。さらに怪しき塊一つ。なんだっけ、これ。恐る恐る取り上げる。そうか、長らく食べそびれていたブルーチーズの最後のひとかけらだ。すでに白い部分は消え失《う》せて、灰色がかったブルー一色のブルーチーズと化している。匂いを嗅《か》ぐと、かぐわしきブルーチーズには相違ない。大丈夫なんじゃないの？

こうしてピザの具は出揃った。まずオーブンに火を入れて、鉄板にオリーブオイルを塗り、あらかじめ温めておく。一方、まな板の上でトマト、玉ネギ、ハムをざく切りにし、アンチョビを微塵《みじん》に切って、まず、そのべとべとアンチョビをピザの表面の半分に塗りたくる。そこへざく切りにした玉ネギ、トマト、香菜、ハムを散らし、残りの半分には、じゅうぶんすぎるほど発酵したブルーチーズをジャムのごとく塗りつける。これをオーブンに入れておよそ七分。ピザ皮の縁にうっすら焦げ目がつく頃合いまで焼く。しだいにオーブンからイタリアンな匂いが漂ってくる。たまに家でピザを焼くのもいいものだ。うーん、ビールが飲みたくなってきた。

十年近く昔、料理の先生に餃子《ぎょうざ》の皮の作り方を教わった。それまで市販の皮しか使ったことのなかった私は感動した。こんなに簡単に餃子の皮を手作りできるのか。粉をこねるのにさしたる技術は要しない。問題は、こねた生地を小さい団子に丸め、それを、のし棒で直径十センチほどの薄くてまんまる皮に伸ばすのが難しい。分厚くなりすぎたり楕円形《だえんけい》になったり、熟練の技を身につけるには時間と経験が必要だ。それでも最初のうちは面白くて夢中になった。が、だんだん飽きて、そのうち面倒になり、いっそ特大の皮を作ってやろうかと思い立つ。よし、どうだ。直径二十センチほどの皮を作り上げ、そのとき気がついた。

これって、ピザにもなるかしら。

こうして私は料理教室で得た技を使い、何度か家でピザを焼いた。大判の餃子の皮をこね上げ、上にトマトやチーズを載せてオーブンで焼く。なかなか上手にできたと記憶する。チーズやトマトばかりではなく、ここにフルーツやジャムを載せれば、ちょっとしたタルトになるかもね。上等のタルトとはいかないが、それなりのデザートとしては通用した。

食は世界共通である。粉をこね、伸ばし、具を載せる、あるいは包む。はたまた伸ばした生地を細く切って麺にする。おいしいものを食べたいと思う心の行きつく先は、どこの国の人間も、同じなのではないか。

ピザと餃子の思わぬ因縁に注目して以来、しばらく粉遊びに熱中したが、やがてその熱は冷めていった。なぜか粉遊びは長続きしない。パンもケーキもそうだった。不思議だ。

しかし今回も発見はあった。ピザと餃子が同じ穴の狢《むじな》ならば、このピザ皮に、餃子の具を載せて食べてみたっておかしくないはずだ。豚挽肉に白菜、葱、ニラ、ニンニク、生姜、香菜を混ぜてこねて、ピザ皮の上に薄〜く載せる。上から胡麻油とラー油をタラタラ。オーブンで焼いたら、餃子味ピザの出来上がり。どうだろう。でもピザ皮は、もうない。食べちゃった。ブッブツ交換のおかわりというのは、できないものなのか。

カボチャイマジネーション

　ご近所さんからカボチャをいただいた。魔法の杖《つえ》を一振りすると馬車に化けそうな、濃い緑色をした立派なカボチャである。重い。持って自宅にたどり着くだけでくたくたになった。深緑のカボチャをドンという音とともに、まな板の上に置き、私は考えた。はて、これをどうやって食べようか。

　カボチャはその姿を眺めているだけで、ノスタルジックな気分になる。シンデレラ姫の馬車になったせいもあるだろう。ハロウィンの思い出とも重なる。昔、アメリカで、魔法使いの姿に仮装してハロウィンパーティに出かけたことがある。その家の暖炉の前に、目鼻のかたちに穴を開けたカボチャがたくさん並んでいた。空洞になったカボチャの内側には、ろうそくの火がゆらゆら揺れて、妖《あや》しくも愛嬌《あいきょう》に満ちた顔で笑っている。くりぬいたカボチャの身はどうするのだろう。そう思っているとテーブルに、オーブンから出てきたばかりの焼きたてパンプキンパイが登場し、うわあ、これが本場アメリカのハロウィンパーティというものかと感動した。

あのカボチャ灯籠《どうろう》を作り、パンプキンパイに挑戦するというのも面白そうではあるけれど、まだハロウィンには日が遠い。とりあえず、大きなカボチャを二つに割ってみる。中からは、まさにこれが「カボチャ色」と言いたくなるような、濃いオレンジ色のもっちりとした身が現れた。

そこでまた一つ、思い出したことがある。

ハロウィンなんて、そんなお祭りがあることすら知らなかった幼い頃、祖父母の家に行くと、ときどきカボチャの煮付けが出てきた。中鉢に山と盛られたその煮付けを、和服を着た祖母が台所から運んできて、食卓代わりのこたつの上に置き、

「はい、カボチャ。食べなはれ」

中腰の姿勢で私たち孫に勧め、再び、よっこらしょと片手をこたつに当て、その勢いで立ち上がると、またのそのそと台所へ何かを取りに消えていく。

カボチャねえ……。私は箸を手に、しばしカボチャを睨《にら》みつける。

祖母は京都の人だった。思えば祖母の作る惣菜《そうざい》は、水菜のハリハリ（水菜とお揚げの炒《いた》め煮）も、お芋の煮転がしもほうれん草の胡麻和え、白和えも、薄味でちょっと甘く、きっと今の私の大好物に違いない。しかし幼かった私には、それらの和風惣菜

は、どうにも老人くさいおかずとしか映らず、たいそう不満だったのだ。なんでおばあちゃんは子どもが喜ぶようなグラタンとかカレーとかハンバーグとかを作ってくれないのだろう。心の中で悲しく思いつつ、渋々カボチャを口に運んだものである。

祖母がどういう手順でカボチャの煮付けを作っていたのか、もはや知るよしもないけれど、ちょいとこの到来物のカボチャで、おばあちゃんの味を再現してみることにしよう。

まず半分に割ったカボチャをさらに適度な大きさに切り分けて、大皿に載せ、ラップで蓋《ふた》をし、電子レンジで五分。少し柔らかくなる。続いて鍋《なべ》に胡麻油をひき、そこへカボチャをコロンコロン。軽く炒めて醬油と砂糖と日本酒で味付けし、さらに上から、カボチャがひたひたになるほどの水を足し、だしの素をサササッと加え、蓋をしてしばしクツクツ煮込む。祖母の時代には電子レンジはなかったし、もしかするとだしの素も、あったかなかったか。胡麻油を使ったのは、たまたま私が思いついたまでのことで、祖母が胡麻油を入れていたとは思えない。それでもまもなく、蓋を開け、菜箸で刺すとほっくり柔らかくなったカボチャの懐《なつ》かしい匂いが立ち上った。醬油に染められて少しだけ色の濃くなったカボチャの煮付けを、祖母の形見にもらった染め付けの中鉢に盛り、食卓に運ぶ。

「はい、カボチャ。ちょっと中華風やけど、さ、食べなはれ」

「うわあ、おいしそー」

一人芝居の会話は子どもの頃とは違う。

さて、電子レンジでチンしたカボチャがまだ半分、残っている。煮付けをつまみながら考える。今度はぐっと洋風にしてみるか。

そういえば少し前、友達の家で冷製ジャガイモスープ、ビシソワーズをご馳走《ちそう》になった。

「すごーい。レストランの味だ。こんな面倒くさいもの、よく作るねえ」

褒め称えると、主婦友達はにっこり笑い、

「簡単なのよお。ジャガイモと長ネギを鍋に入れて水を加えてコトコト煮て、くたくたに柔らかくなったらミキサーにかけて牛乳加えて塩胡椒《こしょう》で味付けして、あとは冷やすだけ。食べるときに生クリーム入れるとちょっと高級感が出るわよ」

そのサラリとした説明に感動した。いかにも簡単そうだ。裏ごしなんかしなくていいんだ。なるほどそのスープは完璧《かんぺき》になめらかでなく、ときどきゴロッとジャガイモの塊が口に当たる。でもそのゴロゴロ具合がかえって素朴で、味のアクセントになっている。よし、今度、私も作ってみよう。その意欲が消える前にカボチャに出会った。

そうだ、カボチャスープを同じ要領で作ってみよう。

これはたしかに簡単だった。しかもカボチャはジャガイモより柔らかく、ゴロゴロすら残らない。裏ごしせずともなめらかな、まさにプロの味かと思うほど豪華な冷製スープの出来上がり。今年の猛暑はこれで乗り切ろう。カボチャの次は本丸ジャガイモに挑むか。とうもろこしもいいかな。桃の冷製スープも食べたくなってきた。カボチャは私の想像をどんどん膨らませてくれる。

蟄居食《ちっきょしょく》

今、私は軽井沢の小屋に蟄居して、原稿を書いている。まるで小説家みたいだね、カッコイイと、友達からメールが届いた。確かに書いている原稿は小説なので、恥ずかしながら実際、小説家みたいなモンではあるのですが、お褒めいただくほどカッコよくはない。

朝、起きて、ああ、書かなきゃという重い気持を叱咤《しった》しつつベッドから這《は》い出すと、まずお手洗いへ行く。顔を洗って歯を磨き、デレデレと台所へ移動して冷蔵庫を開ける。さて何を食べようか。起きた直後なのでお腹《なか》がすいているわけではないのだけれど、このままパソコンの前に座るのが悔しいというか寂しい。でも、朝ご飯を作るのも面倒だ。冷蔵庫からグレープフルーツジュースを取り出して一杯飲む。続いてコーヒーメーカーをセットして、コーヒーの沸くのを待つ間、テレビでも見るか。画面のなかで、イタリアンレストランのシェフが、「簡単トマトスパゲティ」というのを作っている。フライパンにオリーブオイルとニンニクのみじん切りを入れて、そこへ水煮のトマトをドバッと一缶。

「トマトの水煮は大変重宝なんですよ」

フライパンの中のトマトソースを木べらで混ぜながら、煮詰まるのをひたすら待つ。クックックックッ。「おお、だいぶいい色になってきましたね」というシェフの合図に従って、傍らからパルメジャンチーズの粉末が現れる。

「チーズをソースに混ぜて、塩胡椒で味を調え、最後に茹でたスパゲティとあえたら出来上がり」

なるほど簡単そうである。食べたい。でも冷蔵庫にはトマトの水煮もパルメジャンチーズもオリーブオイルもない。あるのは生のトマトが二つとニンニクとクリームチーズだけ。買いに行こうかなあ。いや待て待て。冷蔵庫には他の食料品がたくさんあるではないか。山ごもりの初日、これだけあれば当分、飢え死にすることはないだろうというくらい、たっぷり買い込んだのである。ここでスーパーに行ったらまた執筆が滞る。原稿が先だ。書き上がったあかつきに、ゆっくり作ればいいではないか。自らを説き伏せ、そろそろ沸いたコーヒーをマグカップに注ぎ、いよいよパソコンの前に座る。

しばらくキーボードを叩《たた》き、マグカップを覗くと、あら、空っぽ。おかわりを取りに行くついでにまた冷蔵庫を開ける。あーあ、何か私の心を満たしてくれるものはないのか……。

お腹が空《す》きすぎても仕事にならないが、満腹になると必ず眠くなる。そうでなくてもこの刺激の極めて少ない静かなる山小屋で、原稿の構想を練ろうとベッドに横たわり、ちょっとのつもりで目を閉じたら、すっかり日が暮れていたなんてことはしばしばだ。食べ過ぎてはいけない。でも何か食べたい。呟《つぶや》きつつ、冷蔵庫を物色した末、何年前からこの冷蔵庫に入っていたか知れぬフルーツゼリーを一つ取り出して、食べる。腐ってはいなかったが、なんか寂しい。なんとなく惨《みじ》め。

そんな私のショボショボ食生活を察したか、友人のモコさんが「ご飯を食べにいらっしゃい」と誘ってくださった。

「ご飯だけ食べてさっさと帰ればいいから。今夜はウチの旦那《だんな》さんも東京から来るの」

モコさんはここ数年、夏の三カ月を軽井沢の貸別荘で過ごしていらっしゃる。その間、旦那様は東京の自宅で自炊をしながら、ときどき軽井沢で奥様と合流なさるそうだ。

「おかげで僕の料理のレシピが増えちゃった」

もともと互いに自立した夫婦生活を送っていらっしゃるお二人ではあったが、この「夏の別居生活」プランにより、老後に向けた自活力がさらに増したようにお見受けする。しかもその旦那様のレシピの数々、伺えば、なかなか手の込んだものばかりだ。中華風冷や奴《やっこ》、穴子ときゅうりの海苔《のり》巻き、トロとコハダの握り寿司、お、パプリカとトマトの冷製パスタだって、おいしそう。驚いた。それに比べて私の食生活の貧困ぐあいはなんたることか。胸が痛む。

その晩は、おいしいすき焼きをたっぷりご馳走になった上、旦那シェフのレシピ話もたらふく味わって、そして帰ろうとしたとき、「サワコさん、これ、お土産にあげるから、明日のお昼に召し上がれ」

保冷剤とともに包まれた真空パック入り焼き穴子が一本と醬油ダレ、そして冷凍された生うどん一玉を手渡された。まるで私の蟄居ぶりを覗かれていたようではないか。ありがたや。

「これを穴子うどんにして食べてごらんなさい。おいしいよお」

こうして私は翌日の昼、まずうどんを軽く茹で、一方で穴子を、もったいないから半分だけ二センチほどの長さに切り、長ネギを刻む。別鍋に水を張り、付属のタレを半分タラタラ（残り半分の穴子のために取っておく）。タレを倹約したせいか、味見をするとやや薄味だったので、冷蔵庫にあった削り節と細切り昆布をパラパラ加え、味を調える。ほどよい出汁《だし》ができたところで穴子、うどん、長ネギ、最後にすだちをたっぷり垂らして出来上がり。どんぶりに盛り、アチアチアチと言いながら、パソコンの隣に運ぶ。いただきまーす。うーん、なんと上品な味。プリプリした穴子。あっという間に平らげて、ほどよい満腹感と久しぶりの満足感を覚えた。前夜の帰り際《ぎわ》、モコさんが、「うどん、一玉でいいの？　二玉持っていく？」とせっかく言ってくださったのに、「いえいえ、一玉で」と、遠慮するんじゃなかったよ。

和風中華の安堵《あんど》

なんだか料理をするのが面倒臭い。でもお腹は激しく空いている。そんなとき、ふと思い出して作る簡単中華の一品がある。すなわち、「トマトとピーマンと椎茸と茄《な》子《す》と豚肉の炒め物」

いずれの材料も、たいてい冷蔵庫にある。もしこのうちの一つが欠けても、さしたる問題はない。あ、でもトマトは欠かせないかな。豚肉もないとうまみが出ない。まあ、椎茸か茄子かピーマンは……、やっぱりあったほうがおいしいでしょうね。ついでに言えば、生姜とニンニクは不可欠である。

まず、ニンニクと生姜を細かく切っておく。豚バラ肉のうす切りは幅一センチほどに切る。その他の野菜はいずれも適当に、コロコロざくざく。たとえば茄子はお肉同様、幅一センチほどの斜め切り。茄子に合わせてピーマンも椎茸もトマトも、もとの大きさにもよるが、四つ切りか八つ切りぐらいにしておく。

中華鍋を強火にかけて、じゅうぶん熱したのち、まず油、そしてニンニクと生姜、それから豚を入れ、ジャア、ジャジャッと炒め、一様に火が通ったところで野菜類を入れていく。どういう順番でもかまわないけれど、トマトは最後がいいでしょう。

ところで私の中華鍋は取っ手が一つの北京鍋である。親元を出て一人暮らしを始めたとき、何はなくとも中華鍋は必要だと思い、五反田《ごたんだ》の家財道具デパートで購入して以来、ずっと使っている。もはや鍋の内外ともども真っ黒に火焼けして、これが買った当初は銀色に光っていたのか最初から黒かったのかも思い出せないほどの老練ぶりである。

私はこの中華鍋で炒め物をするとき、右手に菜箸、左手にしゃもじを握り、お腹で取っ手を固定する。いつからどうしてそういうスタイルになったのか、自分でもわからないのだが、あるとき人に指摘されて自覚した。

「アガワさん、その、お腹で鍋を押さえるのは、やめませんか。写真にうつると、ちょっと、格好悪いかなと……」

指摘したのは雑誌の編集者であった。簡単惣菜の取材にやってきて、台所で私が中華の炒め物を作るシーンを撮影していたときのことである。

「え、でもお腹で押さえてないと、鍋が動いちゃうんです……」

「だったら、左手で中華鍋の取っ手を持てばいいのでは？」

「でも、そうすると、材料をかき混ぜるのが右手だけになっちゃうから」

「右手だけじゃダメですか？」

そう問われて私は渋々、彼女の指示に従ったけれど、炒めているあいだずっと、物足りない気分に陥った。そして確信したのである。そうなんだ。中華鍋に対峙するときは、どうしても右手だけでは足りないのだ。

中華は火力が命、勢いが勝負の料理である。目一杯の強火にし、材料から水分が出ないうちに炒め切る。

「チャーッ！」

中華の炒め物をするたびに、かつて檀《だん》太郎さんに教えてもらった言葉を思い出す。

「中国はね、どこ行っても『チャーッ！』って言う。炒めるという意味の言葉を叫ぶんですよ。『チャーッ』ってね。何でも『チャーッ』すりゃ、おいしいの」

以来、炒め物をするときはいつも、中国人になったつもりで「チャーッ」と叫ぶ。その「チャーッ」の叫び声同様の、迫力ある炒め方をするためには、どうしても両手が必要になってくる。片手だけでは勢いが出ない。

脇《わき》を上げ、右の菜箸と左のしゃもじをしっかり具材の奥まで突っ込んで「チャーッ」とかき混ぜる。そのリズムがなくてはおいしい中華料理はできない気がするのである。

さて、「トマトとピーマンと椎茸と茄子と豚肉の炒め物」に戻りまして、味つけは醤油のみ。少し焦《こ》げそうだと思ったならお酒をチョチョッと入れてもいいが、基本は醤油味だけでじゅうぶんだ。皿に盛り、一口食べて、物足りないと思ったら、豆板醤《トウバンジャン》と酢で味を調えればよい。それを炊《た》きたてのご飯の上に載せ、頰張る。ピーマンのピカリと光る歯ごたえ。椎茸の静かで深い味わい。油と融合した茄子の甘み。豚肉の肉肉しきメリハリ。そしてトマトの酸味が絶妙なハーモニーを醸《かも》し出し、ときどき舌の先に刺激を与えてくれる生姜とニンニクの香りがさらに食欲を促進させ、おお、私はしっかりご飯を食べておるぞと、満足の境地に達する。そしてしばし手を止め、愚考する。

これはたしかに中華風ではあるけれど、本場中国の味にはとうてい及ばない和風中華、というか、ニッポンの家庭中華の味である。中国人が食べたらなんと言うだろう。物足りないあるよ。これ、中華料理ないよ。眉間《みけん》に皺《しわ》を寄せ、否定されるかもしれない。でも私は、好きである。もちろん本場中華料理は大好物だけれど、こういう優しいシンプル醤油味中華も決して劣るものではないと、この一品を作るたびに再認識する。

冷蔵庫を開けて、茄子、ピーマン、トマト、椎茸を見つける。そうだ、あの炒め物にしよう。思いつくくせに、何となく気乗りせずやめることはしばしばだ。簡単過ぎて、味もたいしたことがなさそうに思ってしまうせいである。ところが、気乗りしないままでも作ってみると、必ず「この炒め物でよかった」と安堵する。不思議な一品だ。

孤独グラス

洗ったワイングラス二つを戸棚に納めようと両手に持ち、ちょっとした拍子に片方が棚の扉の角にぶつかったら、パリン。瞬時にグラスは砕け散り、見ると、細い取っ手の部分から下だけが手元に残っていた。

悲しい……。

グラスを割るのは何年ぶりのことだろう。自慢じゃないが、さほど器を割るタチではない。少なくともこの五年以内は割った覚えがないと思う。なぜ覚えているか。飛び散ったガラスの破片を掃除するという、世にも情けない作業を長らくした記憶がないからだ。

愛用の食器を割るのは悲しいものだ。それでも瀬戸物や磁器の場合はよほど粉々に割らないかぎり、たとえば縁を欠かしたり二つ三つに分かれたりするぐらいなら、金《きん》継《つ》ぎをするとか接着剤でくっつけるとか、なんとか修復の余地がある。ところがグラスの場合、そういうわけにはいかない。かすかな衝撃で、一度パリンと割れたら万事休す。生き返らせる手立てはない。

「だからはかなくて美しいんじゃない？」

そう言った友がいる。

「バカラのグラスなんてね、割れたらそれこそ粉々になるのよ。鉛が多く入っているせいだろうけれど、その粉々ぶりの美しさに、私、感動しちゃった」

その友とはダンフミのことである。かれこれ四半世紀にわたる付き合いだが、彼女がグラスを割る瞬間に立ち会ったことが何度かある。記憶にあるかぎりで四回だ。でもバカラのグラスを割った場所に居合わせた覚えはない。だから彼女は人生で最低五回はグラスを割っている計算になる。ダンフミの長くて細い手がすうっと動いたな、危ないな、と思った次の瞬間、
コン、カン、シャリン！

テーブルの上のグラスはふらりと倒れて床の上。もはや跡形もない。

「あ、大丈夫ですよ、こちらで片付けますから。それよりお怪我《けが》は？」

親切な店の人の声にダンフミは恐縮しつつ、自らの手をじっと見つめながら呟くのである。

「私、手先に力が入らないの」

そういうことじゃなくてさ、ほら、そっちにも飛んでいるよ。ダンフミは、自分の脆弱《ぜいじゃく》さやグラスのはかなさに思いを馳《は》せる詩人的センスには長《た》けているけれど、割れたグラスを掃除する行動力には恵まれなかったらしい。優雅に身体《からだ》をしならせながら、彼女以外のみんなが床に眼をこらし、破片の捜索に当たっている姿をおろおろ見守るだけである。

実際、グラスの破片は思わぬところにまで飛んでいることがある。大きな破片をすべて回収し、続いて細かいガラスを掃除機や雑巾《ぞうきん》を使ってすくい上げる。さすがにもうないだろう。掃除を終了しようとした途端、必ず見つけ出すのである。あら、こんなところに、こんな大きな破片が残ってたわ。

この一片の発見により、また掃除は再開される。もしかして、まだあるな。その疑いが完全に消えるまで、オドオド動きとくまなく凝視はやめられない。もしかして、料理やお酒の中にも飛び込んだかしら。そう思ったとたんに、おいしいごちそうとおさらばだ。ましてそれが珍味だったり高価なワインだったりした日には、悔やんでも悔やみ切れない。さらに席を立ち、場所を移動する際は、足の裏にチクリと破片が刺さらないかと、そういう想像をするだけで怖くなり、抜き足差し足、まるでコソ泥の有様だ。

かくのごとき騒動がなんとか終了し、もはや破片の恐怖から逃れた後、今度はじわじわと寂しさがこみ上げる。なにしろ残ったグラスはただ一つ。亭主に先立たれた妻のごとき姿である。なぜか。

そもそも私は揃《そろ》いのグラスをたいてい二つしか買わない。初めてワイングラスを買ったのはロンドンのハロッズデパートでのことだ。大きすぎても豪華すぎても私に似合わない。日本の我が家の食卓と簡単惣菜にほどよくマッチして、さほど高価ではないバカラのグラスが欲しかった。

「決めた？」

その旅に同行していたダンフミがニコニコ私に問いかけた。

「うん、決めた。これを二つ、買うわ」

高さ十五センチほどの、チューリップの花のようなデザインのワイングラスを二つ持ち、彼女に報告したところ、

「二つ？　なぜ六個買わないの？　グラスというものはワンセット買うのが常識でしょう！」

そう言われても私は一人暮らしである。六個も買って狭いマンションのどこに納め、

いつそんな大勢の客を招く機会があるだろう。友達が一人二人、遊びに来るくらいの夜がたまにはあるけれど、ワインでパーティをする予定や気力はいっさいない。だからグラスは二つでじゅうぶんだ。

「そういう考え方がみみっちいのよ！」

相棒にさんざん叱《しか》られて、しかし私は自分の意を通し、かろうじてそのチューリップ型のワイングラスはいまだに二つとも健在である。が、その後に買ったリーデル社の万能型ワイングラスの一つを、このたび割ってしまったのだ。残った一つが戸棚の奥で寂しそうに立っている。なぜ私は孤独なの？　私の大事な相方は、どこへ消えてしまったの？　残されたグラスのために新たなダーリンを購入するか。それともメリーウイドーの道を歩ませるべきか。今、私は戸棚を見つめながら、考えている。

遠慮の末

朝からどうも心にひっかかるものがある。お礼状を貯《た》めてしまった呵責《かしゃく》ゆえか。それとも原稿の締め切りが迫りつつあることへの恐怖心か。あるいは過日の対談仕事がうまくいかなかった後悔と反省か。

イライラの原因はたいがい複合的に重なり合っている。一つ一つを取り上げれば、さほど深刻とも思われず、少し考えれば、あるいは行動に出れば、案外、容易に解決の道を見出《みいだ》すことのできる悩みばかりである。しかしイライラしている最中に、絡《から》み合った糸のような些細《ささい》な悩みを心静かにほどく力はなかなか生まれない。

「落ち着いて。まず簡単に解決できることから対処していきましょうね」

私は、自身の姉になった気持で自分に語りかける。まず、この噴き出す汗をなんとかしよう。もはやすっかり夏は終わったというのに、私の頭は火照《ほて》ったままである。冷凍庫から小型の保冷剤を取り出して、タオルにくるみ、頭頂部に載せたりうなじに当てたりする。少しずつ楽になっていく。よし、次だ。

お手洗いへ行く。すっきりする。そんなことまで書くなよと、叱られるかもしれないが、常より私はこの件に関して、「人間が機嫌良くあるために欠かせぬこと」の筆頭に掲げている。快食快眠快便。このスリーポイントがバランスよく、滞りなく行われて、初めて人は他人に優しくなれるというものだ。

思えば昨夜は食べ過ぎた。さらにその前の晩は、呑《の》み過ぎた。

「だから今夜は控えるからね」

昨夜、レストランに到着するや、私は同行の担当編集者ヤギに宣言した。控えると決めたのはもちろん、お酒のことである。

「でも、食べ物を控える気はないんでしょ。なにしろ僕ら、他のことでは何も意見が合わないけど、食べ物についてだけは趣味が一致する仲ですもんね」

以前、私が彼についてエッセイにそう書いたことを、ヤギは根に持っている。でもたしかに私は、このオトコと一緒にメニューを見ていると、見ているだけで食欲が増進し、あれも食べたいこれも頼もうと、みるみる気持が盛り上がっていく。こうして我々は、そのエスニックレストランにてまず前菜に、クルミ豆腐、シジミの醬油煮《しょうゆに》、青ザーツァイ、タイ風春雨サラダ、さらに豆苗《とうみょう》の油炒め、麻婆豆腐《マーボドーフ》、台湾揚げ饅頭《まんじゅう》を平らげて、するとヤギが再びメニューを広げて言いおった。

「ここらでスープはどうですか」

ヤギの指さす先に「酸辣湯《スーラータン》」とある。うーん、酸辣湯は好きだけれど、しかしもうお腹がいっぱいだ。

「あと、これ、おいしそうですよ」

彼が興味をそそられたのはどうやら土鍋で炊いた炊き込みご飯らしい。

「いやいや、今日はもうダメ。ヤギ、どうぞ一人で召し上がってちょーだい」

そう言いつつ、テーブルに運ばれたその炊き込みご飯の姿を見るや、目と口が「食べたい」と訴える。一方、胃袋は「勘弁してくれ」と唸《うな》っている。

「じゃ、一口だけ。ホントに一口ね」

酸辣湯と混ぜご飯を、お碗《わん》にほんの少量ずつよそってもらって、私は口に運んだ。倒れそうなくらい満腹にもかかわらず、「おいしいね、これ」

鶏《とり》の出汁《し》がしっかり染み込んだ薄茶色のご飯。中の具は鶏肉、レンコン、牛蒡《ごぼう》らしい。その混ぜご飯に白く透き通った胡麻《ごま》油と香菜《シャンツァイ》とオリジナルの豆板醤を好みで載せて食す。おいしい。しかし気持が悪くなるほどウエストがきつい。

「ご飯のほうは残ったらテイクアウトもできますよ」

お店の人が笑って提言してくれた。

「じゃ、アガワさん、持って帰ればいいじゃないですか」

うん、そうしようかと一瞬、思ったが、考えてみればその晩の食事の支払いはヤギがしてくれる約束だ。ご馳走になった上、残り物まで持って帰るのは気が引ける。

「いやいや、ヤギ、持って帰れば？　会社で夜食にしたら、きっとおいしいよ」

するとまたお店の人のお薦め言葉。

「おにぎりにすることもできますよ」

あ、それは翌日の朝ご飯に最高だ。と思ったが、言葉を飲み込む。

「おいしそうだけど、本当にヤギに譲ります」

謙虚さを満面に浮かべて手を前に差し伸べた。どうぞどうぞ。

こうしてヤギは「じゃ、僕がもらって帰りますよ」と念を押し、土鍋に残ったご飯を店の人に手渡して、まもなくそれは、白い紙袋に変身して戻ってきた。

私は紙袋を見つめる。明日の朝、食べたらきっとおいしいだろうなあ。でももう、断ってしまったからなあ。欲しいなんて、言えないなあ。

朝からどうも心にひっかかるものがある。複合的に絡まった気がかりの種を、一つずつ拾っていき、その一つが何であるかようやく判明した。

「あのご飯、やっぱり半分、分けてもらえばよかった……」

少し考えて、私は行動に出た。まず台所でチェックする。お米はある。胡麻油も豆板醤もある。必要なのは、牛蒡、レンコン、香菜と鶏肉だ。鶏肉はぶつ切りかなんかでいいだろうか。スープ用に骨付きも買ってくるか。そうだ、土鍋はどこへしまったっけ。あったあった、よし。私は財布を握り、スーパーへ走る。

切り干し大好き

先程から、今回の原稿は何を書こうかと思いあぐねつつ、家のなかを行ったり来たり、途中で台所に寄り道するたび、箸を握って切り干し大根をつまんでしまう。

昨夜、ふと思い立って切り干し大根を煮た。鍋で炒めているときは作りすぎたかと思うほどの量に見えたが、出来上がったあと、そして食事を済ませたのちも引き続き、ちょこちょこつまんでいるうちに、いつのまにか作ったときの半分量に減っていた。

切り干し大根は、いつもこういうことになる。食べても食べても箸が止まらない。どうしてこんなに切り干し大根が好きになったのか。子どもの頃は「切り干し大根」と聞くだけで、ああ、まずそうと思っていたのにね。

今や私は数カ月に一回ほどの割合で、衝動的に思い立つ。

「そうだ、切り干し大根を作ろう！」

だからウチの台所には、たいてい二袋ぐらいの切り干し大根が常備されている。昨日の夕方、仕事から帰ってきて、さて今夜は何を食べようかと台所の棚を漁《あさ》っているとき、その一袋が目に留まった。袋のなかの細切り干し大根はもはや完璧《かんぺき》に薄茶色くなっている。

「いいですか、乾物にも鮮度ってもんはあるんですよ。覚えておきなさい」

料理研究家の野口日出子先生に教えられて「へええ」と驚いたのは十年以上昔のことである。

「賞味期限を見るだけじゃなくてね、袋の上から大根の顔をよく観察してごらんなさい。ところどころ、青い部分が残っているのが、新しいの。茶色っぽいのは古いんですからね」

その教えに従って、スーパーで切り干し大根を買うときは必ず丹念に点検するのが癖となった。棚に積み上げられた大量の切り干し大根の袋を一つずつ吟味して、「青い部分」のいちばん多い袋を籠《かご》に入れる。

こうして買ってきた鮮度のよろしい切り干し大根をしばらく台所に保存しておく。そしていざ使おうと思うときは、いつもすっかり茶色くなっているのだ。せっかく吟味したのに意味がない。でもまあ、さして味に支障をきたすほど古くなったわけではなかろう。

気を取り直し、私はまず、切り干し大根を袋から出してざるにあげ、冷水でぎゅいぎゅいともみ洗いをする。傍らで鍋に湯を沸かし、洗った切り干し大根を放り込む。箸でほぐしながら二分ほど待つ。あまり時間をかけて煮込みすぎてはいけない。切り干し大根独特のコリコリ感が失われては台無しなのである。

続いて油揚げである。油揚げも一度、湯通しをして、表面に残る余分な油を落としたほうがいい。と、乾物の鮮度のみならず、切り干し大根のおいしい作り方を伝授くださった野口先生がおっしゃった。でも私はときどき、手を抜くことがある。油揚げを鍋で湯通しするのがつい、面倒くさくなって、やかんで沸かしたお湯を油揚げにちょちょっとかけてごまかす。

「お金かけないでおいしいもんを食べたいなら、手間をかけなさい！」

野口先生の声が頭の中に響くのを感じながら、「はい、すんません」と心で謝って、私は簡易湯通し済みの油揚げを千切りにする。

こうして下準備は完了。いよいよ鍋を火にかけて、まず胡麻油をたらたら。そこへギュッと絞った切り干し大根を投入。切り干し大根の塊の中心が、まだ熱湯の熱を持っていて、アチチとやけどしそうになる場合があるので要注意です。

鍋のなかで切り干し大根と油がほどよく馴染《なじ》んだら、続いて千切り油揚げを入れる。

そして大事な味つけだ。といっても、入れるのは砂糖、醤油、酒、出汁のみである。出汁は当然、昆布と削り節で取った本物出汁が最良である。が、私はときどき、インスタントの粉末出汁をお湯に溶かして使う。

ごめんなさい、野口先生。

酒は日本酒の残りを少々タポタポ。問題は砂糖の分量であるが、これはそのときの切り干し大根の量やタチ、そしてその日の好みによって、なかなか定まらない。師匠直伝の量を入れて、「どうも足りない」と思うこともあるし、「あら、じゅうぶんな甘み」と思うこともある。

いちおう、師匠レシピによると、切り干し大根六十グラムに対して、砂糖、醤油とも大匙《さじ》二・五とある。個人的に私は醤油を少なめに、砂糖を多めに入れることにしている。あまり醤油の勝った、濃い味つけの切り干し大根は好まない。そして出汁は、ちょっと多すぎたかなと思うくらい、入れてまもなく全体がヒタヒタと、鍋底に水分が残るぐらいの分量を入れるようにする。

こんなに簡単な切り干し大根なのに今ひとつ、先生に習って作った直後の感動の甦《よみがえ》らないときがある。

「先生、切り干し大根が、最近なんだかおいしくできないんですよ」

あるとき師匠に相談したら、間髪入れず、叱られた。

「そりゃあんた、レシピ通りに作らなかったからよ」

師匠はすべてお見通しである。

でも、教え通りに作らなくても、理想通りの味にならなくても、自家製切り干し大根は、いつも私を虜《とりこ》にしてくれる。

おいしい音楽

お洒落《しゃれ》なレストランで食事をしているとき、途中で化粧室に入ったら、突然、粋《いき》なジャズの調べが音量高らかに天井の片隅から聞こえてきた。どうやら店内全域に流されているBGMらしいのだが、ホールには客が溢《あふ》れ、人々の会話がにぎやかに飛び交って、加えて、厨房《ちゅうぼう》の鍋《なべ》の音や食器の触れ合う音などにかき消され、まったく気がつかなかったのである。まあ、こんな音楽が流れていたのか。感心しつつ、どうなんでしょうねと、疑問も湧《わ》いた。

こんなに聞こえないBGMなら、流しても無駄なんじゃないかしら……。

「いえ、これだけお客様が多くなるとたしかに聞こえませんが、お客様が少ない場合は、やはりあったほうが……」

問い合わせたわけではないけれど、店の人に尋ねたらきっとそんなふうに応《こた》えるだろうと、容易に想像がつく。しかし、そもそも私は、「どんな店にもBGMがなければいけない」と思い込んでいるらしき今の時代の風潮が、あまり好きではない。

もちろん店の雰囲気や料理の内容によっては、音楽を聴きながら食事をするほうが好ましい場合もある。ことにお酒でいい酔い心地になっているときは、ポワンとした気分のところに甘い歌声や楽器の調べが耳元に届くだけで幸せ度が倍加するというものだ。しかし、たとえば和食屋や甘味処《どころ》で日本の風情《ふぜい》を出す目的か、いかにもお仕着せの琴の音色が響いていたり、あるいは逆に、しっとりしたインテリアの店に、どう考えてもそぐわぬ流行歌や若者シャカシャカ音楽がハイボリュームで流れていたりすると、たちまち気分がしらけてしまう。なぜ、無音を怖《おそ》れるか。音楽の鳴っていることが、イコール『営業中』の印なのだろうか。

昔々のそのまた昔、お見合い相手とインド料理の店に入った。お見合いでインドカレーを食べたのは、あまたの見合い経験を積み重ねた私でも、それが最初で最後であった。通常は、互いに気心知れる以前の、やや緊張感に包まれた間柄である故《ゆえ》に、もう少しクラシックな雰囲気の店か喫茶店……、たとえばホテルのカフェテラスとかラウンジ、あるいはちょっと気取ったフレンチレストランや和食屋に連れて行かれることのほうが多い。ところがその人は、初めての二人だけのデートの日、通りを歩いていたら、ふいに、

「ここ、入りましょうか」

指さしたのが、インドカレーの店だった。

「あ、はい」

意表を突かれたものの、内心、私は嬉《うれ》しかった。インドカレーは大好きだったし、何よりこの堅苦しい空気から解放される。楚々《そそ》としたお嬢様を装《よそお》って、ナイフとフォークを手にぎこちない会話を続けるより、辛いカレーや流れる汗と格闘しながら向き合うほうが、互いの本性を表しやすくなるだろう。席に着き、メニューを眺めながら私は考えた。

「もしかして、今度はうまく行くかもしれないぞ」

さて注文したカレーやナンやタンドリーチキンがテーブルに並べられ、

「では、いただきます」

食べ始めると、シーン。ナンをちぎったり、スプーンでカレーをすくったり、チキンにかぶりつき、手についたカレー色のソースを紙ナプキンで拭《ふ》いたり、ついでにおでこの汗を拭いたりするばかりで、ちっとも会話が弾まない。互いに黙々と、料理だけに視線を向けていた。そんなとき、ふと目の前の殿方が、呟《つぶや》いた。

「なんか、こういう音楽を聴きながら食べていると、『食べろー、食べろー、さあ、食べろー』って、煽《あお》られているような気分になりますなあ」

なんてことを言う男だ。ようやく吐いた言葉がそれですか？　半ば呆《あき》れつつ、耳を澄ませばたしかに独特の音楽が聞こえてきた。インドの民謡か流行歌だろうか。女性の高い声と弦楽器や打楽器が混ざり合い、いかにも楽しそうな、踊り出したくなるようなリズムとメロディ。そのメロディに合わせて小さな声で、「食べろー、食べろー、さあ、食べろー」と歌ってみると、なるほどよく合う。私は吹き出した。そして、

「悪くないぞ」

私はタンドリーチキンにかぶりつきながら、改めてその殿方の顔をこっそり覗《のぞ》き見た。

しかしその後、その縁談は実を結ぶことなく、消滅した。決して私がお断りしたわけではない。なんとなく自然に流れたと記憶する。しかし私にとって、あの、インドカレーを食べながら聞いたインド音楽のことはいまだに忘れられない思い出となっている。そして今でもインドカレーのお店に入ってあの手の音楽が流れてくると、なぜか気分は高揚し、ぐんぐん食欲が湧いてくるのである。

「食べるぞ、食べるぞ、いざ食べるぞー」

だからつまり、客は勝手なものだということですな。食事中の音楽を嫌う人もいれ

ば、好む人もいる。曲種によって、食べる料理の種類によっては、あったほうがいいこともあり、ないほうがいいと思うときもある。客のわがままを統一するのは不可能だ。

「だから、誰もが『おいしいっ！』と思ってくれる音楽を選ぶのはけっこう難しいんですよ」

問い合わせたわけじゃないけれど、飲食店経営者に尋ねたら、きっとそう応えることだろう。でもあえて、わがままついでに言わせていただければ、日本にある日本料理店でＢＧＭは不要だと思う。単なる私の個人的趣味ですが。

テール君と出会う

いつものように鶏のスープを取ろうと思い、いつもと違うスーパーの肉売り場の棚を覗いたら、珍しいものが目に入った。

オックステール。

その名の通り、牛の尻尾《しっぽ》だ。直径二十センチほどのパックに尻尾の分厚いＣＴスキャン断面が大小四つ並んでラップに覆《おお》われている。真ん中に白い骨、そのまわりを赤い肉が囲み、ところどころに脂《あぶら》がのっている。こんなに太くてしっかりとした尻尾を牛さんはお尻《しり》にぶら下げておられたか。さぞ重かったことでしょう。そんな牛の体の端っこまで、きっとおいしいぞと、いったい誰が最初に気づいたのだろう。残酷なものである。ごめんなさいね。と、同情しつつ、そのぶつ切りを見つめるうち、つい私も「おいしそう……」と思う。よし、今日はテールでスープを取ることにしよう。一パックを籠に入れる。

私が子どもの頃、母は父の要求に応えてときどきオックステールシチューを作った。最初にどこで教わったのかは知らないが、母はまず肉屋さんに電話をし、テールを取り寄せてもらう。当時は肉屋の店頭にオックステールなんぞ並んでいなかったし、手に入れたとしても、たいそう安価だったはずである。需要がなかったせいだろう。

こうして手元に届いた皮付きのオックステールを母はまず、よく水洗いして下茹《したゆ》でした。一方で小麦粉とバターをカラメル色になるまで延々と炒《いた》めてデミグラソースを作り、本茹でしたオックステールのスープで伸ばしてシチューの元を作る。それを深鍋に移し、肉の部分と野菜類、赤ワインやトマトなどを加えてひたすら煮込む。と、おそらくそんな感じだったと記憶するけれど、実のところ正確には覚えていない。なにしろオックステールシチューを作るのは恐ろしく面倒な作業であり、端で見ているだけでへとへとにくたびれた。台所仕事はなんでもやってみたい娘だったけれど、これればかりは母に任せ、出来上がったシチューを食べる側になるのが得策と思い、作り方を真剣に見ていなかった。しかし、スープを取るだけなら鶏ガラと要領は同じだろう。

こうして私は買ってきたオックステールを深鍋に入れ、たっぷりの水を張り、長ネギの端切れやしなびた生姜《しょうが》のかけらなどをぶち込んで火にかけた。まもなく沸騰《ふっとう》したので火を弱め、浮いてきたアクを除き、ちょいと味見をしてみる。と、「あれ？」

スープの味がいまいち淡泊だ。塩味をつけていない段階ではあるけれど、それでも鶏ガラスープのほうがおいしかったような……。多少、がっかりして、そうだ！　と思いつく。

「韓国風テールスープにしてみるか」

オックステールというものが日本で一般的に知られるようになったのは、韓国料理ブームのおかげであろう。濃い味の焼き肉に淡泊で味わい深いテールスープは欠かせない。韓国テールスープには大根がつきものだ。幸い、立派な大根が冷蔵庫に一本ある。一本食べ切れるだろうと持ち帰ったものの、だいぶ残っている。でもテールスープに入れればいくらでも食べられる。私は大根を三センチ幅ほどの輪切りにして、スープにぼこぼこ投入する。ついでにニンジン、長ネギ、生姜、かぶも一つ。

こうしてスープは次第に白濁し、野菜のエキスも存分に混ざり合い、よろしい雰囲気になってきた。試しにお玉に取って一口、味見をする。

「アジッ！」

跳び上がるほどの熱さである。それもそのはず、テールスープの脂とゼラチンが表面にたっぷり浮いていて、口に入れたらたちまち上あごの皮が剝《は》がれた。それでも感動した。鶏スープとはまた違うコクのある味わいだ。

さっそく小さなカップに取り分けて、塩胡椒《こしょう》をパラパラ、日本酒をちょちょ、醤油もタラタラ、上から、香菜がなかったのでパセリをパラリ。レモンを数滴。

「あらまー」

なんと上等なスープであろう。そこで思い出したのは、友達のテールスープ談義である。

「ハワイにオックステールスープの旨《うま》い店があるんだ。一度、行くとやみつきになるよ」

へえー、とうらやましく頷《うなず》くだけで、味わう機会を得ないまま何年も過ぎている。

「ハワイに行ってテールスープを飲む」

これが私の数年来の夢であったが、もういいぞ。我が家でこれほど手軽においしいテールスープを味わえることがわかった。コクのあるスープは、どんなかたちで食してもおいしい。二杯目は、大根、かぶ、ニンジンと骨付きテール肉を中鉢に盛り、隣に白いご飯の碗を置き、醤油、豆板醤《トウバンジャン》、カボスなどの調味料を添える。テールスープ定食の出来上がりだ。そんな食べ方で二日ほどを過ごし、再び鍋を覗いて、まだたっぷり残っているスープを見つめて思い立つ。

「そろそろ、シチューに挑戦してみるか」

ちょうど飲み残しの赤ワインが半本分ある。棚を探ればデミグラソースの缶詰が一つ。これを使えば母の労苦を省略できる。よしよし。冷蔵庫には熟したトマト。玉ネギはもっとたくさん入れたほうがいいだろう……。

今、私は毎日が楽しくてしかたない。朝、起きて即スープの火入れ式。外へ出かけて戻ってくると、玄関を開ける前からスープの匂いがほのかに漂う。今日もまた、刻一刻と進化し続けるテール君が台所で私を待っている。

娘の味

前回に引き続き、テール事情について記す。その後、日に日に白濁を増していくオックステールスープに、缶詰のデミグラソース、赤ワインの飲み残しを半本分、冷蔵庫で熟したトマト二つ、玉ネギのあら切り、ニンジン、ジャガイモなどを加えるうち、徐々に煮詰まり、色も白濁から濃い茶色に変わった。いよいよシチューらしくなってきたな。

ニンマリしてからふと、思い出した。前回、記述したとおり、そもそもオックステールシチューを私が知ったのは、幼い頃に母がときどき作っていたからである。八十歳を過ぎ、多大な労力を要するテールシチューからはとっくの昔に足（手？）を洗った母に、今さら作り方を教わるのも気が引けるが、待てよ、以前、何かの雑誌で我が家のオックステールシチューの作り方が掲載されたはずだ。それを見れば、わざわざ老いた母に尋ねなくて済む。

搜索した結果、はたしてその雑誌が出てきた。持つべき者は有能なアシスタントである。

「ほら、ここですよ」

秘書アヤヤが手にしているのは『四季の味』という月刊誌であった。以前、このページで紹介した「なみちゃんひやむぎ」の作り方の参考にしたのと同じ雑誌だ。その号で、父の好む家庭料理をいくつか紹介したなかに、「なみちゃんひやむぎ」と「オックステイルのシチュウ」があったのである。しかしそのページを読んで、「よし、ウチでも作ってみよう」と思った読者はほとんどいないだろう。なにしろ当のシチュウを試作した編集部の後記にさえ、「これは大変でした。八時間あまりも鍋の前に張りついていたのですから」とあるし、何より材料となるオックステイルは「皮つき」でなければ意味がないと、父が注釈を添えている。そうかそうか。忘れていたが、子どもの頃に食べた母のオックステイルシチュウはたしかに黒い皮に覆われていて、その皮と肉の間のプルンプルンしたところがおいしかった記憶がある。父もその記事に「牛の尾のシチュウで一番美味《おい》しいのは、実はあの、ぷるんぷるんの皮の部分なのである」と書いている。これはなかなか再現するのが難しい。今頃、皮つきのオックステールを売ってくれる肉屋はそうそうないだろう。

「ま、いっか」

とここで私のいい加減性癖が頭をもたげる。私はその雑誌の巻末に載っている「オックステイルシチュウの作り方・阿川みよ」のページ（おそらく編集部が母・みよに聞いてまとめたもの）を開き、その文面のなかから参考にできそうな部分だけを取り入れることにした。だいいち、すでに何日間も煮込み続けてきた私のオックステールスープは鍋のなかで肉と骨が完璧に分離して、大きな恐竜のそれのような薄茶色い骨がゴロンゴロンと液体のなかで泳いでいる。最初に入れたニンジンや玉ネギ、ジャガイモ、大根類も茶色いスープに溶け込んでくにゃくにゃ状態だ。この段階から上等のシチューを作るのは無理だ。しかしお玉ですくい取り味見をすると、それはもう、肉の甘みのよく染み込んだ、決して捨て置くことのできぬ味わいである。

「よし！」

私の制作意欲がむらむらとわき上がってきた。

母の作り方によると、まず、入手した皮つきテイルを煮立った湯に入れて二十分ほど下茹でするとある。下茹でしなかった娘はこの部分を省略。

続いて中華鍋にサラダ油、バター、ニンニクを入れて炒め、そこへ下茹でして塩胡椒で下味をつけたテイルを入れて焦《こ》げつかないように注意しながら焼き色がつくまで炒める。

あら、ニンニクを入れるのか、と、ここで私は驚く。

別の厚鍋を熱し、炒めたテイルと、大ぶりに切ったニンジン、玉ネギ、セロリ、パセリの茎などを加え、酒をチャッと振りかけたら蓋《ふた》をして少し置き、そこへ水と、干し椎茸《しいたけ》の戻し汁を肉がかぶるほどの分量注ぐ。沸騰したのち、ときどきアクを取りながら、火を弱火にしてコトコト煮込む。

なるほど干し椎茸を使うのか。

ここから先は自家製デミグラソースの作り方に入るのだが、大量のバターと小麦粉と少量のニンニク（ここでもニンニク登場）を入れて辛抱強く炒め続けるこの工程は、すでに缶詰で済ませてしまったので、これまた省略。

母の指南によると、デミグラソースが出来上がったら、さきほど煮込んだ肉の煮汁で少しずつソースを伸ばし、最後に肉を加え、たっぷりの赤ワインとトマトのざく切りとベイリーフを加え、塩胡椒で味を調え、あとはコトコトコトコト。箸《はし》で肉が骨から外れるくらいになるまで煮込み、最後にレモン汁と少量の醤油を垂らす。付け合わせはジャガイモ、ニンジン、カリフラワーなど好みで。

以上が母のレシピの概要である。娘はこのレシピからいくつかのことを学んだ。改めて自分のオックステール鍋の前に立ち、行動を開始する。まず、干し椎茸を水に戻す。ニンニク半かけをみじん切りにして鍋にぶち込む。トマトと玉ネギとニンジンのザクザク切りをさらに加え、もう一本、飲み残していた赤ワインをドバドバ。レモンのかわりに、ワインビネガーをタラタラタラ。柔らかくなった椎茸をみじん切りにして加え、トマトジュースをカップ一杯。お玉を握り、再び味見をして仰天した。なんと複雑かつ奥深いシチュー味であろう。見た目の悪い、しかもややサラサラな簡略オックステールシチューは、今夜、食卓にデビューする。ただし客は招かない。

ガーニャパウダ

友達から、「野菜はいりませんか?」というメールが届いた。大分に住む彼女のお父さんが最近、野菜作りに凝っていらっしゃるとのこと。

「父は長らく飲み食い好き放題の生活を続けていたんですが、数年前に病気で倒れて以来、心を入れ替えたらしく、有機野菜を育てるようになったんです。で、周辺の人にも食べてもらいたい、どんどん配ってくれって」

その美しき家庭菜園物語の恩恵にあずかって、受け取った紙袋を覗くと、まあ、驚いた。水菜、大根、かぼす、ニンジン、レタス、かぶ、山芋、ほうれん草、春菊、チンゲン菜などが溢れ返っている。とうてい家庭菜園のレベルとは思えない。

「ほっほお、こりゃ、うれしい!」

野菜が豊富にあるとは、なんと贅沢《ぜいたく》なものか。さっそく家に持ち帰り、ほうれん草の先をちぎって口に入れ、お、これは甘いぞとウキウキし、チンゲン菜の葉を一枚ずつ剝《む》いて洗ったら、ニュルンとした緑色の毛虫が出てきてギョ。あら、こっちにもギョ。よく見れば、チンゲン菜の葉の隙間《すきま》に枯れ葉に紛れて毛虫の黒い糞《ふん》もゴロゴロ。ちょいとびっくりしたけれど、これが有機野菜の有機野菜たる所以《ゆえん》であろう。虫がおいしいと思う野菜はおいしいに決まっている。ていねいに水洗いしたのち、チンゲン菜を油で炒め、春菊は茹でてお浸しに、大根は薄く切って塩やマヨネーズをつけてそのまま囓《かじ》り、山芋をとろろ芋にしていただいたところ、いずれもみごとに味が濃く、繊維がぎっしり詰まっている感じだ。太陽をいっぱい浴びて、虫や風や雨や土とたっぷり遊んで育った逞《たくま》しき野菜をどんどん食べるうち、自分の体も奥底から逞しくなっていくようで、心なしか力がみなぎってくる。なんと健康的な生活であろう。

と、数日間、おおいに喜び興奮したのは事実だが、いかんせん量がある。食べても食べても減らない。元気な野菜たちも日に日にお疲れが見えてきた。さて、どうしたら彼らをおいしく成仏《じょうぶつ》させることができるだろう。

そんなことを思っていた矢先、さるゴルフ場のクラブハウスにて、「ここはバーニャカウダが名物なんですよ」と勧められ、注文したところ、さまざまな野菜が盛られたガラスの器とともに、ホウロウ容器に入った乳濁色のソースが運ばれてきた。容器の下には小さな蠟燭《ろうそく》が点《とも》されて、ソースの温度を保っている。

バーニャカウダを食べるのはそれが初めてではなかったが、しばらく忘れていた。そうだ、このソースがあれば、生野菜は切りなく食べられる。

「これって、どうやって作るんでしょうね」

同行の奥様に尋ねると、

「前に私もここの人に訊《き》いたんですけどね。オリーブオイルを温めて、そこへニンニク、アンチョビをたっぷり入れて、塩胡椒で味を調えて、最後に生クリームを入れるところがミソらしいわよ。普通、牛乳を使うらしいけれど、生クリームだからこんなに濃厚なんでしょうね」

ははあ、なるほど。

「なんだ、簡単そうじゃないか。ウチでも作ってよ」

と、その奥様のご主人、どうやら気に入った様子。

「これはいい。野菜がどんどん食べられる。ガーニャパウダ？　旨い旨い」

「いえ、バーニャカウダ」一同訂正。

「ああ」とご主人は応えて二分後には再び、

「うまいねえ、このガーニャパウダ？」

「だからバーニャカウダ」

ゴルフ場から戻った翌日、さっそくガーニャパウダを作ってみることにした。ホウロウ容器も小振りのホウロウ鍋も持っていないので、オムレツ用のミニフライパンを取り出して、火にかけ、そこへオリーブオイルを多めに入れる。続いてみじん切りにしたニンニクひとかけ分とアンチョビを加え、ジュウジュウ言い出したところへ生クリームを少し、いや、もう少しか。もっとかな。様子を見ながらタラタラたらし、味見をすると、じゅうぶんに塩辛いので塩は控え、胡椒だけを振りかける。確かに簡単だ。

ここへ大根の薄切りを浸して食べてみると、おお、お洒落な味である。冷たい大根と温かいソース、シャキシャキした歯ごたえのある大根となめらかなソース、相反する二つの物体が口のなかで異業種交流ダンスをしているような、まか不思議な組み合わせが舌に心地よい。こりゃ、白ワインが飲みたくなってきたぞ。飲みきれないのを承知で一本、開けることにする。

台所のまな板の上に、大根の薄切り、ソースの入ったフライパン、ワイングラスを並べ、立ち飲み居酒屋の様相を呈してきた。

しかし、と、ここで考える。ゴルフ場でいただいたソースよりサラサラしすぎているような気もする。もっと煮詰めるべきだろうか。そう思いながらも、そのまま大根を二枚、白ワインを一口、大根三枚目、また白ワイン……。シャキシャキする手が止まらない。次は気分を変えて、冷蔵庫からヒラヒラレースのような葉っぱ（わさび菜というらしい）を取り出し、ソースをつけてみる。と、これも合う。でも大根のほうが好きかな。続いてニンジンで行ってみましょうか。これは文句なくお似合いだ。甘いニンジンとクリームの組み合わせがいい。

さまざまな野菜にソースをつけて、野菜だけですっかりお腹《なか》がいっぱいになった。ほろ酔い気分とともに、一人ガーニャパーティは、これにておしまい。

新生ママレード

冷蔵庫の瓶詰め食品を点検整理していたら、奥から続々、ママレードが出てきた。なんでこんなにあるんだ？　と、怒るわけにはいかない。すべての責任は自分にある。そもそもママレードが好きなのである。そこでつい、家にあると知りながら新たなママレードを買ってしまう。だから我が家の冷蔵庫には、武田さんという友達の手作りママレード、毎年、お歳暮にいただくママレード（というよりオレンジの砂糖煮）三瓶に、あらあら、柚子《ゆず》ママレードというのもある。そして、自ら購入したママレードが二瓶。溜《た》まりに溜まって、ママレード祭りができそうな勢いだ。

手元のママレードの瓶たちを横一列に並べて腕を組む。ふーむ。さてどうするかね、君たち。いずれも、それぞれに風味が異なる。さっぱり味。たいそう甘いママレード。苦みの効いたもの……。しいて言えば、私は苦みの強いママレードが好みである。その点でいくと、武田さんのママレードがいちばん好きだ。好きだからいちばん減っている。武田さんの瓶が空になったら、あとはさっぱり味とたいそう甘いママレードが残るだけだ。それはちょっと寂しい。なんとかしなければ。しかし新たにまた苦みの効いたママレードを買うと、残るママレードがいっこうに減らない運命となる。それも困る。

「そうだ！」と私はひらめいた。

「一緒にして煮直してみてはどうだろう」

残り少ない武田さんママレードを鍋にあけ、そこへ「たいそう甘いママレード」と「さっぱりオレンジの砂糖煮」を加え、火にかけて、上からオレンジリキュールを数滴、垂らしてしばらく煮る。武田さんの味がどこかへ消えてしまっては意味がない。味見をする。苦みが減った。慌《あわ》てる。そこで、生の柚子を搾《しぼ》り入れてみる。味見する。少し甘みが薄らいだ。ついでに柚子の皮の部分も細かく切って、パラパラ入れてみる。おお、いい感じの方向。しかしまだ、物足りない。なにか苦みを引き出す手立てはないものか。あたりを見回す。甘くないお酒を入れてみるか。ジンはどうだろう。冷凍庫からジンを取り出して、タラタラタラタラ。味見する。

「ん？　いけるかも」

苦みが甦った。まだ熱いので不確かな印象ではあるが、冷ましてから再び味を見て、苦みが消えていなかったら成功だ。

かつて同じマンションに住んでいたミズサワ夫人からママレードをいただいたことがある。

「これ、私が作ったんだけど、サワコちゃん、お好きかしら？」

差し出された包みを開けると、中からガラス瓶が一つ、現れた。詰まっているのは茶色がかったオレンジ色のママレードである。

「うわ、大好きです。うれしい！」

「私ね、ママレードを作るのが趣味なのよ。いっぱい作ってあちこちに配るの」

大事に抱えて家に帰り、さっそく舐《な》めてみた。おお、苦い。濃厚な大人の味がする。最初はその苦みに驚いたが、慣れるに従って苦さが癖になっていった。苦いママレードが好みとなったのは、ミズサワママレードのおかげである。

あのママレードをもう一度。そう思ってあちこちでこれぞと思うママレードを購入するのだが、ミズサワ味にはなかなか及ばない。

「また、おねだりしようかなあ」

そう思いつつ年月が経《た》ち、願いは叶《かな》わぬこととなった。もはやミズサワ夫人のママレードにも笑顔にも二度と会うことはできない。ミズサワ夫人がお元気なうちに作り方を習っておけばよかった。

そんなことを思いつつ、煮詰めた混合ママレードを小さなガラス瓶に詰め分ける。ミズサワ夫人の真似《まね》をして、親しい友にプレゼントしよう。

さてここに、ガラス瓶問題というものが浮上する。人は生きている間に、いったいいくつのガラス瓶と付き合うものだろう。中身のなくなった、あるいは中身が古くなって捨てたあとのガラス瓶を、皆さんはどのように始末していますかいな？

吝嗇《りんしょく》なる私は当然のことながら、捨てない。きれいに洗って流しの奥に積み重ねておく。置くスペースがなくなると、棚にしまう。が、それでも溢れていくばかりだ。

「可愛《かわい》い瓶だけ、残しておいたらいかがですか？」

優しい声でさりげなく「捨てろ！」と私を促すのはいつも秘書アヤヤである。

「そうだよねえ」。一応、同意して、私は溜まったガラス瓶を可愛い順に並べ替え、最下位となった一つ二つのみを屑籠《くずかご》に入れる。アヤヤは小さく溜め息をついて台所をあとにする。もっと捨てろと背中が泣いている。でもね、このガラス瓶だって、もう少し長生きしたいんじゃないかなあ。作った人もそう望んでいるんじゃないかなあ。

そんな折、自家製ママレードが現れた。

「こういうときのために、生き残っていたんだもんね」

ガラス瓶に語りかけながらママレードを詰めて、翌日、仕事仲間のマイコとハナちゃんの前に差し出した。

「お年始代わりの自家製ママレードです」

翌日、マイコからメールが届く。

「すごいおいしかったです。ちょっと大人な味で」

ほらね。こうして古いママレードも古いガラス瓶も新たな活躍の年を迎えたのであった。

甦《よみがえ》るチーズケーキ

過日、「手土産」について雑誌の取材を受けた。その折、私が取り上げたのは、ホルトハウス房子さんのチーズケーキである。

実のところ、このチーズケーキを店で購入して手土産にしたことは一度もない。市販でなく、自分で焼いた「ホルトハウス房子製チーズケーキ」を持って、あちこちに伺った若き時代があった。

私の学生時代にホルトハウスさんは料理研究家のなかでもスター的存在だった。雑誌『ミセス』に登場する彼女の料理や特集グラビアにはいつも魅了されたものだ。おそらくご自宅の庭であろう緑に囲まれた屋外の大きなテーブルの上に、おいしそうなご馳走《ちそう》が溢れんばかりに並べられている。ローストポーク、紫キャベツのサラダ、ポテトサラダ、ビーフストロガノフ……。西洋料理ながら、いずれも試してみればなんとか作ることのできそうな家庭的惣菜《そうざい》ばかり。でもお洒落で激しく食欲をそそられる。

テーブルの傍らには、親しい友人たちと楽しそうに語らうホルトハウス房子さんご自身の姿もある。日に焼けて健康そうな笑顔、斬新《ざんしん》にカットされたショートヘア。そんな写真を見ながら、私は想像を膨らませた。なんてカッコいい暮らしだろう。私にとっては料理だけでなく、ホルトハウス房子さんの生き方そのものが憧《あこが》れの対象であった。いつか私も彼女のように、ステキな亭主（アメリカ人でなくてもいいけれど）を見つけ、自宅に友達を招いてガーデンパーティを開きたい。キャッキャと騒ぎまわる子どもたちに向かい、ほら、フォークを持って走らないの、危ないでしょっと、ときどき怒声を飛ばしつつ、エプロンをかけたままワインを飲んだり料理をサービスしたり。私もこんな大人の女性になりたい。こんな料理上手の主婦になりたい。

夢描いていたその時代、雑誌に載っていたホルトハウスさんのチーズケーキが目にとまった。ちょうどお菓子作りに凝っていた頃である。よし、作ってみよう。

グラハムクラッカーは普通のスーパーでは売っておらず、紀ノ国屋か明治屋まで買いに行った記憶がある。それ以外の材料に格別、珍しいものはなかった。バター、シナモン、砂糖、クリームチーズ。クリームチーズはフィラデルフィア製の塊を求めた。

作り方はさほど難しくない。まず、グラハムクラッカーをボウルのなかで細かく砕いて、そこへ砂糖とシナモンとバターを加え、よく練って、クッキー種のような状態にし、ケーキ皿の底に敷き詰める。

続いてクリームチーズの塊をボウルに入れて杓文字《しゃもじ》で練る。この作業が、全工程においてもっとも力の要るところだ。なにしろ疲れる。ときどき休んで手をブラブラ振って、また練る。しかしここで手を抜くと、チーズケーキがなめらかに仕上がらないから頑張らざるを得ない。じゅうぶんにチーズが柔らかくなったら、そこへ砂糖と卵を割り入れて、最後は杓文字を泡立て器に持ち替え、さらになめらかチーズを作り上げ、それを、グラハムクラッカーの敷き詰められたケーキ皿にタラタラタラッと流し込む。さあ、オーブンで焼く段階だ。このあたりで心が和む。オーブンから甘い香りが漂って、それまでの労苦がたちまち癒《いや》される。中を覗くと、しだいにケーキの表面に焼き色がつき、ときどきプクプク噴火しているのがわかる。一時間ほどで焼き上げて、これで完成といかないのが、ホルトハウス房子チーズケーキたる所以だ。いったんオーブンから取り出して、上から、砂糖を混ぜて練っておいたサワークリームを流し込む。そして再びオーブンに戻し、今度はやや高め（たしか一八〇度ぐらい）の温度に設定して五分から十分。ようやく出来上がりだ。サワークリームとチーズケーキの二層式、そして二度焼きがあるからこそ、このチーズケーキはおいしいんだよね、と焼くたびに納得し、サワークリームの層が薄すぎても厚すぎてもおいしくないんだね、と、そのときどきの焼き具合を反芻《はんすう》したものだ。

と、つらつら作り方を書いてまいりましたが、これすべて、おぼろげな記憶によるものだ。だから読者の皆様、このレシピを参考にしても、おそらく成功しないと思います。雑誌の取材を受けたのち、忘れかけていたこのチーズケーキが無性に食べたくなり、そうだ、久々に焼いてみようかと思い立ち、作り方を記したノートを探したのだが、なにせ三十年近く昔のことでどこへしまったか思い出せない。ならば作り方の載っている本を買ってこようかしら。そう思っていた矢先、宅配便が届く。なんと、ホルトハウス房子さんからだ。本物のホルトハウス・チーズケーキである。ケーキの横に手書き達筆の小さなカードが添えられていた。

「此《こ》のたびは有難うございました」

文面を読むうち、あの時代のことがあれこれと甦ってきた。自分で焼いたチーズケーキを手に、知人のお宅でお見合いをした日のこと。ボーイフレンドと鎌倉山をドライブしながらホルトハウス邸を探したこと。胸キュンの懐《なつ》かしい思い出ばかりだ。

送っていただいたチーズケーキを半分、両親の家に持ち帰り、老いた父母に食べさせると、「うまいねえ。どこのチーズケーキだい？」と父。「ホルトハウス房子さんって人のなの。ほら、昔よく、私が焼いてたの、覚えてない？」「そんなことあったかしらねえ。でも、これ、おいしい」と母。

豆腐屋の夜明け

小説を書くにあたって豆腐屋を取材する必要が生じ、担当編集者のエン君を通してあちこちの豆腐屋さんに問い合わせた結果、築地《つきじ》にある老舗《しにせ》の『とうふ杉寅《すぎとら》』が応じてくださることになった。

「三時から仕込みを始めるので、三時半くらいに来てくださいって言われました」

当然、午前三時半のことである。朝が早いのは覚悟していたが、そこまで早かったか。前夜に飲み会の予定がある。早々に切り上げよう。そう思っていても、そうはいかないのが世の常、人の付き合い、パッパラ自分というもの。結局、午前一時に飲み会から帰宅、一時間ほど仮眠して、寝静まる路上でエン君、新米編集者のM嬢と落ち合う。

「僕は完徹です」

「私は家に帰らず、サウナで時間つぶしながらちょっと寝ました」

暗がりで毛糸帽マスク男一人、サウナ明け長身お嬢ちゃま、そして二日酔いかすれ声の中年（過ぎ）チビ女がヒソヒソ語り合う。どうみても怪しいトリオである。もしもし、夜明け前にどこへ侵入するつもりだ。警察に尋問されないかと不安に思いつつ、

「おはようございます」

真っ暗闇《くらやみ》の路地裏にポツンとそこだけ煌々《こうこう》たる豆腐店のガラス戸を開けて中を覗《のぞ》くと、

「あ、おはようございます」

色白のすっきり顔に白い上っ張りと白い帽子と白いビニールエプロン、白い長靴姿の若者がすがすがしい声で招き入れてくれた。怪しさ一転、正しい職人の夜明け前モードに包まれる。まもなく若者とよく似た白ずくめのこざっぱりとした年配男性が奥から登場。杉寅四代目店主、若者の父君である。

つねづね不思議に思っていたのだが、お豆腐屋さんってどうして皆さん、白い絹ごし豆腐同様の、肌のきれいな人ばかりなのだろう。

「まあ、一日中、蒸気に当たってるからね。肌にはいいんじゃないですか、この商売」

ピンク色の頬をほっこり崩して四代目が笑った。

肌にはいいかもしれないが、腰にはきつい。しかも、あらゆる工程に冷たい水がつきまとうのだ。作業の合間合間にホースをつかみ、道具を洗浄し、腰をかがめて豆乳の顔色を鋭い目で窺《うかが》い、木べらを回す。豆腐父子の手と足の休まる暇はない。

まず前日から水に浸しておいた大豆を業務用ミキサーに入れ、まもなく攪拌《かくはん》されて出てきたペースト状の大豆（呉《ご》という）に適量の水を加えて隣のステンレス釜《がま》に移す。蒸気を勢いよく吹き上げながらペースト大豆が炊《た》かれ、さらに隣の機械に移るやあれよあれよと思う間に、おからと豆乳に分離されて機械の外に姿をあらわす。下方から出てくるおからは、削ったホワイトチョコレートのごとし。一方の豆乳は細いチューブを伝い、濃厚な白き液体となって巨大な寸胴鍋《ずんどうなべ》に受け止められる。あたりはすっかりホクホクとした大豆の香りに満ちてくる。

寸胴鍋に満たされた豆乳の、上に浮いた泡をすくったのち、年季の入った木枠に流し込んで約二十分、木枠をすっと持ち上げた四代目が店先の槽《ふね》、すなわち冷たい水を張った水槽に運び、手早く放り込む。豆腐専用包丁を水中の木枠の底に差し込んで、すっと引く。たちまち、つるんと大きな豆腐の塊が水に泳いだ。こんな喩《たと》えはいいかどうかわからないけれど、それはまるで白イルカの水中出産の瞬間を見届けたような感動的なシーンであった。おお、豆腐が生まれたぞ！　絹ごし豆腐の完成だ。

しかし待てよ。にがりはいつ入れたのか。なぜ豆乳は固まったのだろう。

「ウチは絹豆腐に、にがりは入れないの。澄まし粉で固めるだけです」

あとは豆乳の濃度と温度の加減により、絹のごときなめらかな豆腐が出来上がるという寸法だ。

「そういえば絹布《けんぷ》は？　使わないんですか？」

M嬢の質問に私もハッとする。私も、絹の布で豆乳を漉《こ》して作るのが絹豆腐、木綿で漉すのが木綿豆腐だとばかり思っていたが、

「絹豆腐の名の由来は舌触りが絹のようだから。いっぽうの木綿豆腐にはにがりを打って、そのあとたしかに木綿布で漉すんです」

木綿豆腐作りの工程は、絹ごし以上に腰力と手間を要する作業であった。すなわち、にがりを少しずつ打ちながら、しだいに凝固していく豆乳の変化を、木べらでまんべんなく、ゆっくり混ぜながら見極めて、おぼろ状態になったところを大きなお玉ですくい上げ、木綿布で覆《おお》われた型に、地層を作る要領で一層ずつ重ね納めていく。豆腐がゆっくり水を吐き出すペースに合わせて辛抱強く、丁寧に。

「こりゃあ、絹より木綿豆腐のほうが値段、高くていいくらいですね」

エン君が呟《つぶや》いた。まったくだ。これほどの手間と技をかけて作り上げた豆腐一丁が、

一律たった一八九円だという。そんなことでいいのか。あ、いいんですか？　じゃあ、木綿を三丁、えーと、秘書アヤヤの分と、お隣さんの分と、自分用ね。絹も一丁、それからおからと、揚げ出し豆腐もいただきたいです。

「はい、全部で一一四四円です。まいど」

日本が誇るべきこれほどの崇高な職人技を、こんな値段で買ってしまっていいものか。心で憤慨しながらも、しっかりおつりを受け取って、杉寅父子に深く礼を言い、すでに明るくなった表通りへ繰り出した。北風が寝不足の体に凍《し》みる。今夜はこの上等木綿で湯豆腐といくか。

あとがき

本書はそもそもマガジンハウス社の雑誌「クロワッサン」にて連載していた食べ物エッセイが一冊の単行本になったのち、新潮社に拾っていただいて文庫化されたものの第三弾です。すなわち、第一弾の『残るは食欲』、第二弾の『魔女のスープ』に続く三冊目の文庫として、改めて読者の前に、荒井良二さんのメチャクチャ可愛《かわい》い（でしょ）描き下ろしのカバー絵とともに、装《よそお》いを新たに登場した次第です。あら、まだ一冊目と二冊目を読んでいないですって？　そりゃ大変。でも大丈夫。今からでも遅くないですぞ。すぐさま書店へ走っていって、あるいはパソコンの本屋さんで検索し、はたまた図書館でも友人宅でもけっこうですので、本棚にあるのを見つけたら、是非とも入手いただければ幸いなり。

で、三冊目にしてなにがどう新しいかと問われれば、取りたてて斬新なことは、ない……かな。相も変わらず日々の食卓風景や記憶の中の食べ物や旅先の食体験や、驚きの食品への愚考や、そしていつものごとき、賞味期限をとうに過ぎた材料再生物語の数々です。そうそう、このシリーズについて、以前ある雑誌で書評を書いてくださったどなたかの言葉が記憶に残っております。

「この本、面白いけれど、著者の冷蔵庫に対する過度な信奉には、やや首を傾《かし》げる」まことにごもっとも。しかし、懲《こ》りない私はいまだに、見てアヤシイ、嗅《か》いでアヤシイ、触れてアヤシイ、でも、捨てるには忍びない「かつて新鮮だった食物」を、なんとかおいしい料理として蘇《よみがえ》らせたい癖があり、この第三弾にも何度かその手の話が登場しております。ですからして、それらのアヤシイ再生メニューは決してお腹《なか》を壊さないと断言するものではございませんので、どうかご自身の体質体調を鑑《かんが》みた上で、お試しいただきたく存じます。万が一、お腹を壊した場合は、「これで少し痩《や》せられる」と前向きに受け止めていただければよいかと思います。

さて、本書を刊行するタイミングとして前出の二冊と何が違うかと思うに、私事ながら、先般、九十四歳の父が亡《な》くなりました。「立派な老衰です！」とお医者様に褒めていただくほど穏やかな死に方だったので、ある程度は予測していたこととはいえ、悔いがあるとすれば、もう少し、「旨《うま》いね！」と言わせたかった。

格別、食に恵まれた生まれ育ちをしたわけでもないはずなのに、父は食べることをこよなく愛し、その愛の深さに母と私はしばしば閉口したものです。なにしろ、朝ご飯を食べながら「今夜のメシはなんだ」と、必ず聞くほど食事を楽しみにしていましたし、だからこそか、出てきた料理がおいしければ、「泣きたいほど旨い！」と顔をクシャクシャにして喜ぶけれど、気に入らない場合は、「死にたいほど不味《まず》い」が父の口癖です。露骨にけなすのも悪いかと、作り手に多少の遠慮の気持が働くときは、自分の興味のない皿を箸《はし》で突っついて遠ざけながら、「さあさ、みんな食べなさい。どんどん食べなさい」と家族に押しつける。これもすでにどこかに書きましたが、私が中学生だった頃、母が何かの理由で留守をした夜に、娘の私が食事の支度を一手に引き受けなければならなくなった。よし、こうなったら奮起して、父に「旨い！」と言わせてやろうと私は張り切って、料理本を取り出し、東坡肉《トンポーロー》に挑戦したのですが、深鍋《ふかなべ》で豚肉のかたまりを何時間煮込んでも、なかなかトロトロの柔らかさにはならない。しかたがないのでとりあえず仕上げて皿に載せ、父の前に差し出しました。すると父は「そうかそうか。今日はサワコが作ってくれたか」といそいそ食卓につき、箸で一口。そして二口。それから私に向かって言ったのです。

「よし、明日はなんか旨いもんを食いにいこう！」

父にしてみれば、最大級の気遣い発言だったでしょうけれど、私は、泣きましたね。

私が年頃に成長すると、父は言いました。

「お前がどんな職業の男と結婚するかわからんが、食い物に興味のない男だけは困る。

まず食事に連れていって食い物テストをしてやろう」

幸か不幸か、そういう機会はありませんでしたが、当時の私は暗澹《あんたん》たる気持になったものです。だってようやく巡り会った愛《いと》しい殿方が、そのテストに不合格となった暁は、駆け落ちをするか、あるいは涙を飲んでその方とお別れせざるをえないではないですか。

私とて、食べることに興味がないわけではありません。でも、父ほど深い執着はない。たまに不味いものを食べるからこそ、おいしいものを食べたときの喜びが倍になるのです。一口、食べた途端、「死ぬまでに食べられる回数は限られているんだ、ああ、一回、損した。どうしてくれる！」と本気で怒り出す父を傍目《はため》にしながら、私は意を決したものです。

「結婚するなら、何でも『おいしい』と言ってくれる人がいい！」

しかし思えばそれほどに食に執着し、実際、死ぬ直前まで、消化器官や体力がそうとうに落ちてきたとおぼしき状態になってなお、「ステーキが食いたい」「旨いマグロと鯛《たい》の刺身がいいね」と呟《つぶや》き続けていた父に、私は精魂込めてその願いを叶《かな》えたかと言えば、否《いな》。老人病院に入院して以降の三年間（なんとその病院がいともおおらかに許可してくださったおかげで）、父の病室に電磁調理器とすき焼き鍋を持ち込んで、ベッドの上ですき焼きを作ったり、好物だったフカヒレの姿煮やナマコの醤油煮《しょうゆに》などの中華料理を買って運んだり、父の好きなかつぶし弁当を作って持っていったりと、それなりの孝行はしたつもりでも、毎日毎食、「あー、旨かった」と父が安堵《あんど》の表情を浮かべるための努力はしませんでした。

このたび本書文庫化に際し、改めて読み返すにつれ、父の好物が他にもたくさんあったことを思い出しました。台湾の銀糸巻《インスーチェン》、キャビア、すき焼きは言うまでもなく、母が作るオックステールシチュー、私がときどき作った切り干し大根……。「おい、サワコ、またあの切り干し大根を作ってもらえないかね」という父のリクエストに「あー、はいはい」と生返事を繰り返しているうちに、堅いものが嚙《か》み切れない状態になってしまいました。

今年の八月初め、父が息を引き取る前日には、とうもろこしの天麩羅《てんぷら》を作って持っていきました。もはや父の食欲はかなり落ちていましたが、たしかこれも好物だったことを思い出したからです。めったに天麩羅なぞウチで作ることはないのですが、まあ、粉と卵と少量の冷水をほどよく混ぜて、削ったとうもろこしの実にまぶし、油で揚げればいいだけのことでしょう。こんなものかな。病室で冷めかけた天麩羅を父の口の前に差し出して、

「一口、どう?」

するとは父はおぼつかない口を少しだけ前に突き出して、食べたそうな様子です。私は箸でつかんだ天麩羅の一片を父の口に入れました。歯のない口でしばらく咀嚼《そしゃく》して、それから父は吐き出しました。

「不味い……」

思えばあれが、父と交わした最後の会話の一つだった気がします。

二〇一五年九月

阿川佐和子

この作品は二〇一二年五月マガジンハウスより刊行された。

檀ふみ
阿川佐和子著

太ったんでないのッ!?

キャビアにフォアグラ、お寿司にステーキ。体重計も恐れずひたすら美食に邁進するアガワとダンの、「食」をめぐる往復エッセイ！

阿川弘之著

春の城

読売文学賞受賞

第二次大戦下、一人の青年を主人公に、学徒出陣、マリアナ沖大海戦、広島の原爆の惨状などを伝えながら激動期の青春を浮彫りにする。

阿川弘之著

雲の墓標

一特攻学徒兵吉野次郎の日記の形をとり、大空に散った彼ら若人たちの、生への執着と死の恐怖に身もだえる真実の姿を描く問題作。

阿川弘之著

山本五十六

新潮社文学賞受賞（上・下）

戦争に反対しつつも、自ら対米戦争の火蓋を切らねばならなかった連合艦隊司令長官、山本五十六。日本海軍史上最大の提督の人間像。

阿川弘之著

米内光政

歴史はこの人を必要とした。兵学校の席次中以下、無口で鈍重と言われた人物は、日本の存亡にあたり、かくも見事な見識を示した！

阿川弘之著

井上成美

日本文学大賞受賞

帝国海軍きっての知性といわれた井上成美の戦中戦後の悲劇――。「山本五十六」「米内光政」に続く、海軍提督三部作完結編！

平松洋子著
おいしい日常
おいしいごはんのためならば。小さな工夫から愛用の調味料、各地の美味探求まで、舌が悦ぶ極上の日々を大公開。

平松洋子著
平松洋子の台所
電子レンジは追放！　鉄瓶の白湯、石釜で炊くごはん、李朝の灯火器……暮らしの達人が綴る、愛用の台所道具をめぐる59の物語。

平松洋子著
おもたせ暦
戴いたものを、その場でふるまっていただける。「おもたせ」選びは、きどらずに、何より美味しいのが大切。使えるおみやげエッセイ集。

平松洋子著
おとなの味
泣ける味、待つ味、消える味。四季の移り変わりと人との出会いの中、新しい味覚に出会う瞬間を美しい言葉で綴る、至福の味わい帖。

平松洋子著
夜中にジャムを煮る
つくること食べることの幸福が満ちる場所。それが台所。笑顔あふれる台所から、食材と道具への尽きぬ愛情をつづったエッセイ集。

平松洋子著
焼き餃子と名画座
―わたしの東京　味歩き―
どじょう鍋、ハイボール、カレー、それと……。あの老舗から町の小さな実力店まで。山の手も下町も笑顔で歩く「読む味散歩」。

牧山桂子著

次郎と正子
―娘が語る素顔の白洲家―

幼い頃は、ものを書く母親より、おにぎりを作ってくれるお母さんが欲しいと思っていた――。風変わりな両親との懐かしい日々。

牧山圭男著

白洲家の日々
―娘婿が見た次郎と正子―

夫婦円満の秘訣は「なるべく一緒にいないこと」?! 奇想天外な義理の両親の素顔とその教え。秘話満載、心温まる名エッセイ。

白洲正子著

日本のたくみ

歴史と伝統に培われ、真に美しいものを目指して打ち込む人々。扇、染織、陶器から現代彫刻まで、様々な日本のたくみを紹介する。

白洲正子著

白洲正子自伝

この人はいわば、魂の薩摩隼人。美を体現した名人たちとの真剣勝負に生き、ものの裸形だけを見すえた人。韋駄天お正、かく語りき。

白洲正子著

ものを創る

むしょうに「人間」に会いたくて、むしょうに「美しいもの」にふれたかった――。人知を超えた美の本質に迫る、芸術家訪問記。

白洲正子著

私の百人一首

「目利き」のガイドで味わう百人一首の歌の心。その味わいと歴史を知って、愛蔵の元禄時代のかるたを愛でつつ、風雅を楽しむ。

小川洋子著

薬指の標本

標本室で働くわたしが、彼にプレゼントされた靴はあまりにもぴったりで……。恋愛の痛みと恍惚を透明感漂う文章で描く珠玉の二篇。

小川洋子著

まぶた

15歳のわたしが男の部屋で感じる奇妙な視線の持ち主は？　現実と悪夢の間を揺れ動く不思議なリアリティで、読者の心をつかむ8編。

小川洋子著

博士の愛した数式

本屋大賞・読売文学賞受賞

80分しか記憶が続かない数学者と、家政婦とその息子――第1回本屋大賞に輝く、あまりに切なく暖かい奇跡の物語。待望の文庫化！

小川洋子著

海

「今は失われてしまった何か」への尽きない愛情を表す小川洋子の真髄。静謐で妖しく、ちょっと奇妙な七編。著者インタビュー併録。

小川洋子著

博士の本棚

『アンネの日記』に触発され作家を志した著者の、本への愛情がひしひしと伝わるエッセイ集。他に『博士の愛した数式』誕生秘話等。

小川洋子
河合隼雄著

生きるとは、自分の物語をつくること

『博士の愛した数式』の主人公たちのように、臨床心理学者と作家に「魂のルート」が開かれた。奇跡のように実現した、最後の対話。

新潮文庫最新刊

神永学著
クロノス
―天命探偵 Next Gear―
毒舌イケメンの天才すぎる作戦家・黒野武人登場。死の予知夢を解析する〈クロノスシステム〉で、運命を変えることができるのか。

田中啓文著
アケルダマ
キリストの復活を阻止せよ。その身に超能力を秘めた女子高生と血に飢える使徒が激突。伝奇ジュヴナイルの熱気と興奮がいま甦る！

大崎梢著
ふたつめの庭
25歳の保育士・美南は、園での不思議な事件に振り回される日々。解決すべく奮闘するうち、シングルファーザーの隆平に心惹かれて。

立川談四楼著
談志が死んだ
「小説はおまえに任せる」。談志にそう言わしめた古弟子が、この不世出の落語家の光と影を虚実皮膜の間に描き尽す傑作長篇小説。

村上春樹著
村上春樹 雑文集
デビュー小説『風の歌を聴け』受賞の言葉から伝説のエルサレム賞スピーチ「壁と卵」まで、全篇書下ろし序文付きの69編、保存版！

阿川佐和子著
娘の味
―残るは食欲―
父の好物オックステールシチュー。母のレシピを元に作ってみたら、うん、美味しい。食欲優先、自制心を失う日々を綴る食エッセイ。

新潮文庫最新刊

娘《むすめ》の味《あじ》

残るは食欲

新潮文庫　あ - 50 - 8

平成二十七年十一月一日発行

著者　阿《あ》川《がわ》佐《さ》和《わ》子《こ》

発行者　佐藤隆信

発行所　株式会社新潮社

郵便番号　一六二―八七一一
東京都新宿区矢来町七一
電話　編集部（〇三）三二六六―五四四〇
　　　読者係（〇三）三二六六―五一一一
http://www.shinchosha.co.jp

価格はカバーに表示してあります。

乱丁・落丁本は、ご面倒ですが小社読者係宛ご送付ください。送料小社負担にてお取替えいたします。

印刷・二光印刷株式会社　製本・株式会社大進堂

ISBN978-4-10-118458-6 C0195